光明社科文库
GUANGMING DAILY PRESS:
A SOCIAL SCIENCE SERIES

·经济与管理书系·

新贸易格局下中国对外投资
与创新补贴政策

王　军｜著

光明日报出版社

图书在版编目（CIP）数据

新贸易格局下中国对外投资与创新补贴政策 ／ 王军
著 . -- 北京：光明日报出版社，2022. 11
ISBN 978 - 7 - 5194 - 7010 - 4

Ⅰ.①新… Ⅱ.①王… Ⅲ.①对外投资—研究—中国
②企业创新—财政补贴—研究—中国 Ⅳ.①F832. 6
②F279. 23

中国版本图书馆 CIP 数据核字（2022）第 244775 号

新贸易格局下中国对外投资与创新补贴政策
XINMAOYI GEJU XIA ZHONGGUO DUIWAI TOUZI YU CHUANGXIN
BUTIE ZHENGCE

著　　者：王　军

责任编辑：刘兴华　　　　　　　　责任校对：李　倩　李佳莹
封面设计：中联华文　　　　　　　责任印制：曹　净

出版发行：光明日报出版社
地　　址：北京市西城区永安路 106 号，100050
电　　话：010-63169890（咨询），010-63131930（邮购）
传　　真：010-63131930
网　　址：http://book. gmw. cn
E - mail：gmrbcbs@ gmw. cn
法律顾问：北京市兰台律师事务所龚柳方律师

印　　刷：三河市华东印刷有限公司
装　　订：三河市华东印刷有限公司
本书如有破损、缺页、装订错误，请与本社联系调换，电话：010-63131930

开　　本：170mm×240mm
字　　数：201 千字　　　　　　　印　　张：16
版　　次：2023 年 7 月第 1 版　　　印　　次：2023 年 7 月第 1 次印刷
书　　号：ISBN 978 - 7 - 5194 - 7010 - 4
定　　价：95. 00 元

序

　　近年来由于全球新冠肺炎疫情持续发酵，地区政治局势不断变化，世界各国政府和相关国际机构不断调整国际贸易的管理方式、制度架构以应对新的贸易格局。伴随中国特色社会主义市场经济深化改革，科学文化不断发展，新贸易格局对中国对外投资的影响发生了深刻变化。而新时期国际贸易格局主要蕴含着几个显著特征：首先，国际产品结构发生了根本性的变革。第二次世界大战至冷战结束期间主要是以工业制成品为主导，随着全球化的推进，WTO 数据显示截至 2010 年，全球贸易总额中的中间产品的份额已经居于主导地位，而且在不断提升，世界上主要商品和服务贸易已经不是由一个国家或地区独立完成，成百上千来自不同国家和地区的企业将所生产的成千上万的零部件组合成形形色色贸易商品和服务。其次，跨国企业的管理和组织方式不断创新。传统以规模和多元化取胜的企业逐步被市场淘汰，低成本化、产业集群化、供应链纽带化才是制造业的核心。最后，区域国际贸易组织兴起深刻的改变传统贸易格局。在贸易组织内部成员国之间以"零关税""零壁垒""要素自由流动"为原则，大大促进和改变贸易规则。在新贸易背景下，创新与补贴关系是值得深入探讨的。

　　创新是当前中国企业摆脱"价值链低端"、提升"中国制造"的关键所在，也是中国经济转型升级、产业结构调整的重要驱动力。跨国企业作为中国经济发展的主要载体之一，承担着整合海内外资源、技术和劳动的重要职责，也肩负着中国走向创新型国家、提升整体综合竞争力的重要使命。面临着创新成本大、风险高、回报周期长等缺陷，政府需要运用合适的政策手段对企业的创新活动进行补偿，以引导和激励跨国企业的创新活动。所以本书通过理论与实践相结合的方法研究中国的政策补贴对跨国企业新产品创新的影响，具体内容包括政府补贴监管与跨国企业创新演化博弈分析、直接补贴政策效果评估、直接补贴量的研究、东道国间接补贴形式对跨国企业新产品创新的影响等内容。

近年来由于一些违规企业骗取创新补贴行为的逐渐曝光，政府开始加强对创新补贴的监管，以引导企业创新。本书基于地方政府部门对创新补贴监管的不同管理模式，根据中国跨国企业创新实际情况，采用演化博弈理论模型建立地方政府与跨国企业间关于处罚力度、补贴监管成功率、第三方举报概率的动态复制方程，并据此得到不同情况下跨国企业和地方政府博弈的演化稳定策略。研究发现：处罚力度、补贴监管成功率、第三方举报概率不仅决定了跨国企业采取骗补策略的比例，而且影响着跨国企业创新策略选择。地方政府部门可以根据企业选取创新策略所需要的条件，在演化博弈的过渡阶段（非均衡阶段）审时度势、实施有效的措施以遏制跨国企业的骗补行为。

直接补贴政策的评估是对补贴政策的再次审视，为弥补政策漏洞、有效地发挥政策的激励作用提供重要保障。实证研究发现，对整体样本而言政策补贴对跨国投资企业的新产品创新存在着显著的负向影响。进一步的研究发现，海外投资目的差异是造成该结论的重要原因。分资源密集型和非资源密集型企业样本研究发现，政策补贴并没有对资源密集型 OFDI（outward foreign direct investment，对外直接投资）企业的创新

活动产生显著的影响作用，而对非资源密集型 OFDI 企业有显著的正向
影响；分高新技术和非技术密集型跨国企业的研究样本发现，政策补贴
显著提升高新技术跨国企业的创新水平而对非技术密集型跨国企业没有
显著影响。本书对当前的补贴政策的再评估过程具有重要的启示意义，
科学、严谨的政策补贴再评估过程有利于弥补政策补贴漏洞、合理规划
补贴、避免国家和政府财政资源的浪费，从而更好地发挥政策补贴对
OFDI 企业的创新激励作用。

基于中国海外投资企业数据，本书深入探讨直接政策补贴量对新产
品创新的影响研究。研究发现政策补贴对 OFDI 企业的创新存在着基于
研发强度的非线性的双门槛影响，即对 OFDI 企业而言，存在一个基于
研发强度（研发与销售总额的比例）区间，当补贴该区间的企业时会
促进其创新能力。本书对当前的补贴政策的调整具有重要的启示意义，
以往的定向补贴方式亟须调整，决策者可以以补贴强度为标的，对处于
合意研发区间内的企业进行补贴，从而更好地发挥政策补贴对 OFDI 企
业的创新激励作用。

跨国企业的创新是具有阶段性特征的，那么阶段性的存在是否会对
补贴与创新关系产生影响？本书根据分位数方法讨论不同阶段创新水平
下中国的直接政策补贴量对 OFDI 企业新产品创新的影响情况。研究结
论显示，政策补贴对新产品创新的影响会依据企业所处创新阶段而发生
变化，而这种变化趋势是递减的。进一步分跨国兼并和绿地投资企业样
本的研究发现，政策补贴对处于创新水平高阶的跨国兼并企业的新产品
创新有着显著的促进作用，而对处于低阶的绿地投资企业创新有显著的
提升效用。根据历史实证经验结论显示，政策制定者需要依据跨国企业
创新阶段的不同对补贴政策进行制定，这样才能更好地发挥政策补贴对
企业创新的作用。该研究丰富了政策补贴资金的分配研究，为有效激励

跨国企业创新提供了有效的历史经验证据。

特许权使用费税是影响跨国企业创新的重要税种，也是各东道国为促进跨国企业技术创新和扩散使用较多的优惠税收项目之一。以中国海外投资企业为样本，研究特许权使用费税收优惠对中国跨国企业创新的影响，并进一步探讨政治关联在二者关系上所发挥的作用。实证研究发现，整体而言，东道国的特许权使用费税收优惠政策并未带动中国跨国企业的创新行为，即特许权使用费税收优惠显著降低了中国跨国企业的研发投入，并对企业的新产品创新没有显著影响，政治关联则进一步加强了税收优惠对创新影响的负向作用。海外投资并不是中国跨国企业复制增加要素投入发展模式、寻求政治关联的天堂，合理地运用海外资源和东道国优惠政策促进企业向创新驱动发展模式转型才是中国企业长远发展之道。

目　录
CONTENTS

第一章

绪　论

第一节　研究背景与问题提出

当前国际形势日趋复杂、欧美等贸易环境的恶化，中国的经济增长开始进入平缓的增长时期。在 2020 年两会的政府工作报告中，最引人关注的就是政府将国内生产总值增长率目标制定在 6%，这也是符合中国当前经济转型发展的国情。由于受到地方民族主义和国际贸易保护主义的影响，中国传统的以商品出口带动经济增长的发展模式已经难以为继，出现了部分行业产能过剩、金融市场风险过高以及就业困难等一系列问题。因此，配合政府产业政策调整进行供给侧改革，推进产业结构调整和整体经济的转型是当前和今后一段时间中国经济发展的主题。创新是中国经济转型的核心驱动力，由于创新成本高、风险大等原因需要政策补贴的补偿和引导，因而怎样有效发挥政策补贴在创新上的激励作用是决定中国是否能成功转型为创新型经济的重要因素之一。

在研究政策补贴与企业创新关系的过程中，政策效果的研究是其中一项重要议题。一项完善和成熟的政策主要包括制定、实施和评估三个过程，但是从实际操作看，政策补贴"涉及面窄"和"时效性短"两个方面的突出特点往往会导致政策制定者忽略再评估过程，或是以政策补贴实施过程中所产生的问题作为批判典型代替再评估过程。本书认为当前这两种处理方式都不可能代替政策补贴的再评估过程。原因有二：其一，忽略政策补贴的再评估过程可能会导致大量的财政资源错配、违背政策补贴的初衷，甚至适得其反扰乱正常的行业市场秩序。其二，抓典型的方式虽然有一定的遏制作用，但是并不能够完全找出修正补贴政策漏洞的根源。2009—2012 年，国家和政府为了拉动内需、抵御国际金融危机给家电出口行业带来的不良影响，相继出台了包括家电下乡、家电以旧换新和家电节能产品等相关刺激家电行业良性发展的补贴政策，旨在促进家电企业积极研发和生产适应当前社会发展的、节能环保的新产品，促进家电行业的转型升级。但是这些补贴政策在实施过程中出现了利用虚假客户信息、多报销量、恶意向农村地区倾销劣质产品，从而骗取高额财政补贴的恶劣行为，这其中不乏一些国内外知名的家电企业。虽然事后审计署通报批评并处罚了一些骗补企业，但是据查证，补贴 6 年下来财政损失高达近百亿元人民币，相关业内人士称骗补已经是业内公开的秘密。无独有偶，新能源汽车作为国家和政府大力扶持的新兴产业获得了每年高达数十亿元的补贴资金。面对巨额的补贴，2015—2016 年相继曝出一些电动汽车企业和租赁公司受利益驱动，通过循环使用电池组装配整车的方式，以少充多骗取高额电动汽车补贴，虽然事后点名处理了一大批车企，并制定相关弥补政策补贴漏洞，诸如提高补贴门槛等，但是该事件对整个电动汽车行业所造成的恶劣影响是不可估量的。财政补贴作为国家和政府用于实现经济政策目标的宏观调控手段，对促进社会生产力发展、稳定市场、保障人民基本生活和扩大国际贸易有着积极的促进作用。国家本着帮助促进行业结构调整、经济转型升级的目的，换来的却是诸如骗补这类问题的屡见不鲜，那么为什么补贴政策制定难以吸取前车之鉴？为什么后来的补贴政策还会继续导致资源错配？为什么还会有企业甘冒被处罚风险钻政策补贴的漏洞？这些问题的根源都来自补贴政策缺乏一项科学的、严谨的再评估机制。

过量的补贴已经成为影响中国海外企业投资的重要因素。据 2016 年第二季度《中国对外投资（ODI）报告》数据显示，中国对外投资额环比下降41%，并购完成额也大幅下降。财务方面和东道国透明度审查两个因素严重阻碍了中国企业海外投资的购买能力。首先，中国跨国企业的投资，尤其是国有企业主要依靠的是巨额的外部融资进行的，这给企业财务方面带来了沉重的债务负担和经营风险；其次，除却财务方面负债的原因，在东道国透明度审查方面一些巨额资金来源难以解释，如海航集团拟花 60 亿美元收购美国的英迈公司（英迈，Ingram Micro Inc. 是全球最大的 IT 分销商）的交易就是因为美国的审查机构质疑如此巨额的现金流来源而告吹，美方怀疑该项收购行为受到中国政府的巨额补贴；最后，政府对中国跨国企业的补贴行为影响到中国企业的形象。蒂洛·哈尼曼（Thilo Hanemann）（2016）认为，随着中国企业投资而来的不明资金，会导致东道国市场资源分配不当、排挤当地健康企业、扭曲当地资产价格。美国思科公司执行长曾表示过，"中国企业从不按理出牌，他们拥有大量的资金来源，竞争不过就直接将竞争对手买下"。这无疑给外界对中国跨国企业产生人傻钱多的形象。所以科学地度量政策补贴的量，改善补贴资金分配不合理现状是本书要讨论的重要课题之一。另外，大量的国有企业报表显示，补贴已经成为企业盈利的主要手段，2014 年中国 A 股市场的上市公司财务报表信息披露，总共有 2235 家在 A 股上市的公司获得政策补贴，其规模高达 322 亿元人民币。报表还显示 20% 的公司凭借着这些财政补贴实现了"扭亏为盈"。通过分析获得补贴公司的行业发现，大部分补贴资金流入了诸如能源、基建等产能过剩的行业。

中国政府注意到若要扭转以传统的要素增加式的发展局面，削减产能，必须建设以"创新"为内核驱动的发展模式，所以创新作为政策补贴的衡量标准是中国经济发展的需要。现有针对企业的政策补贴衡量标准有很多：首先，对象型补贴政策，所谓对象型指的是按企业所属区域、类型等进行补贴。比如对东北老工业基地企业进行补贴就是典型的指定区域补贴政策，而对国有企业、新兴行业企业、中小规模企业进行补贴属于指定类型的补贴政策。其次，规划型补贴政策，该项补贴政策往往以企业的某些战略规划的实施作为补贴准则。比如，企业的出口补贴或是跨国投资企业的海外投资补贴等。最后，效果型补贴政策，该项补贴政策是以企业的生产绩效作为衡量标准的，经常作为其他补贴政策的补充形式出现，现有最常见的就是以产量或是销量为准则的补贴政策。比如，2009—2012 年的家电下乡补贴政策就是按照家电企业产品在农村的销售量作为补贴标准的。另外就是以创新绩效作为衡量准则的效果型补贴政策越来越受到大家的关注，这些创新绩效包括新产品产量、申请的知识产权数量、研发成果等。近年来针对汽车企业的电动汽车补贴政策就是以传统汽车企业生产"新产品"——电动汽车的数量作为衡量补贴多少的标准。所以通过结合新产品创新，本书将以跨国企业作为研究样本，探索一套科学的政策补贴的再评估机制，并进一步寻求合理度量补贴量的方法。

第二节　研究意义

政策补贴的初衷是扶植和培育一些战略性行业，促进其健康发展，但是当前的补贴政策已经让一部分企业患上"政策依赖症",并开始通过一些不良手段获取政策补贴,更甚者已经开始围绕补贴政策设定生产经营计划,将补贴作为获得企业利润的主要手段。这些企业逐渐失去研发创新动力,难以独立面对激烈的市场竞争,导致低水平的盲目扩张、误导政府进行补贴,从而形成新一轮的产能过剩,给行业和社会带来极其恶劣的影响。因此,政府监管补贴机制的研究和补贴政策再评估是非常有必要的。

忽略补贴的监管和补贴政策的再评估行为不仅会让补贴政策的漏洞放大,给国家带来巨额的损失,而且会给市场带来低水平的虚假繁荣假象,扭曲市场价格,严重阻碍产业结构调整和经济转型升级;以处理典型政策补贴问题(如骗补行为)的方式来弥补政策补贴漏洞的方式不仅有亡羊补牢的意味,而且补贴问题的发生本身就是一种不良的典型,会动摇其他企业发展的信心,甚至会动摇政策补贴的合理性。因此,建立一套科学的政策补贴再评估机制在修补补贴政策漏洞的同时,会对补贴政策的实施大有帮助。首先,增加政策补贴的持续性;其次,将补贴问题的发生扼杀于萌芽状态,弥补财政损失;最后,破灭企业依赖财政补贴的梦想,让企业正视企业的发展动力来源于自主创新,而补贴只是政府的辅助手段。

精细核定每个企业所需补贴的量不仅可以合理规划财政资源,而且对企业来说有以下三方面的意义:第一,合理将补贴分配到亟须研发资金的企业,帮助其度过成长艰难期。第二,断绝"补贴依赖症",该问题的解决不仅可以使得企业"精打细算"地使用政策补贴,而且断绝了企业为获得更多补贴而采取的寻租行为。第三,树立中国企业的良好形象。合理的补贴不仅是各国政府允许和提倡的,而且可以帮助中国跨国企业的投资和兼并行为,给东道国政府带来良好、正面的企业形象。

当前国家进行产业结构调整和经济转型升级的核心是创新，主要载体是企业，所以以创新作为衡量补贴政策是促进企业转型升级的重要标准。因为新产品创新量衡量企业补贴的量不仅可以促使企业将补贴投入研发中，也会树立企业以创新作为发展核心的信心，进一步为产业升级提供动力。从国家层面而言，可以促进国家经济发展从要素投入发展模式向创新型国家发展模式转变，将对资源密集型、劳动密集型的补贴政策转移到创新补贴上，为研究产业政策与经济发展提供一个有益视角，为相关政策制定提供参考依据，具有一定的理论意义和现实意义。

第三节　研究对象说明

一、主要概念界定

（一）政策补贴

政策补贴是指国家和地方政府运用财政政策对某些特定对象、群体或是组织机构提供财政捐助以及收入、价格、税收优惠等的支持。本书的政策补贴指的是企业补贴，主要分为两类：第一类是企业的直接补贴，具体而言是《境外投资企业（机构）名录》数据库中所统计的中国跨国投资企业财务指标中的补贴项目①。第二类为间接补贴形式，主要以税收优惠、外部资源获取扶持（融资、土地、共享技术等），本书主要是以东道国的特许权使用税收优惠指标来讨论间接补贴形式对中国

---

① 当前中国针对企业补贴主要是专项性的，如针对创新的研发补贴、针对对外贸易的出口补贴、海外投资补贴、针对某些行业的扶持补贴等，由于跨国企业间差异性大、补贴项目名目繁多，难以统计具体的数额，因而全部汇总划归到补贴项目下。

跨国企业创新的影响。

（二）新产品创新

现有对企业创新的实证研究主要是从创新投入和创新产出两个方面进行的。创新投入主要是通过研发投入、科技设备投入、科技人员投入等方面来衡量创新；而创新产出主要是从专利数量、新产品两个方面来衡量创新的。本书从创新产出方面来衡量创新，具体是根据跨国企业统计指标中的新产品产出总量。

（三）跨国投资企业与 OFDI 企业

本书是根据《境外投资企业（机构）名录》与《中国工业企业数据库》两个数据库中在海外设立子公司的工业企业作为中国跨国投资企业样本的，所以在书中同对外投资企业（OFDI 企业）概念通用，经过筛选后总共有 26040 家的样本总量，而后根据方法、数据类型等进行删减。

（四）特许权使用费税收优惠

特许权税是税收协定的重要内容，也是有关促进企业创新的优惠税种之一。具体而言特许权使用费是依据专利权、商标权、著作权、非专利技术以及其他特许使用权收获所得，各国政府根据个人或是企业从该所得中再收取一定的税收，即特许权使用费税率。由于跨国企业所带来的技术溢出效应，各国都相应地制定了特许权使用费限制税率进行税收优惠和减免，以促进跨国企业的创新行为。

第四节 研究框架和内容

本书的主要研究内容和章节分别如下：

第一章　绪论

本章主要是通过对研究背景的阐述，提炼本书研究问题、研究意义和解决针对研究问题的研究内容，其中还涉及研究方法与技术路线图的描述，并总结本书的主要创新点。

第二章　新贸易格局下国际贸易理论基础

本章分为六个小结对政策补贴和贸易理论进行梳理。

政策补贴理论方面，第一小节对新贸易格局、政策补贴与监管机制的文献进行整理和总结；第二小节从管制经济学的角度对政策评估的概念进行描述，并对评估模型、方法等进行详细阐述；第三和第四小节则分别对直接和间接补贴与企业创新的关系方面的文献进行综述。

贸易理论部分则主要包括第五和第六两个小结。第一，对演化博弈模型的产生、发展和应用等进行详细描述；第二，整理了国际贸易发展脉络，并对跨国投资理论进行综述，这其中包括直接投资 FDI 效应、对外直接投资 OFDI 效应以及技术溢出效应等内容。

第三章　政府补贴监管与跨国企业创新演化博弈分析

本章在地方政府通过政策补贴鼓励跨国企业进行对外直接投资和创新的背景下，基于政策执行者与跨国企业管理者的有限理性假设，引入了政府补贴监管与跨国创新机制的动态演化博弈模型，并通过该模型的研究结论探讨跨国企业选择创新策略所需要的演化条件，以及政府可以通过第三方监督、加强惩罚力度等消除跨国企业的"骗补"策略，该部分的研究为政府进行创新补贴监管提供了有力的理论支撑。

第四章 中国跨国企业补贴政策效果研究

本章主要是对比获得政策补贴与没有获得政策补贴的跨国企业新产品创新绩效的差异。在进行对比研究时分为两方面：第一，补贴在时间上的差异，即补贴前跨国企业与补贴后跨国企业的新产品创新是否存在差异；第二，补贴在企业上的差异，即有补贴与没有补贴跨国企业在新产品创新上是否存在差异。

由于对整体样本的研究发现政策补贴对创新影响的效果不显著，本章又通过分资源型与非资源型跨国企业样本、高新技术企业与非高新技术企业样本在补贴的创新差异上进行探讨。

第五章 跨国企业补贴量的研究——基于直接补贴与 OFDI 企业创新的门槛机制

本章主要探讨的问题是企业获得的直接政策补贴是以何种方式促进企业创新的。通过门槛回归的方法验证了补贴是通过研发投入为中介变量对企业新产品创新进行影响的，而该影响过程存在着双门槛效应。政府对处于一定研发门槛中的跨国企业进行补贴时将会显著促进其新产品创新，补贴的量可以根据门槛变量的相关系数进行核定，对于处于创新门槛之外的跨国企业的补贴则是无效的。另外，由于所有制在补贴与创新关系上的影响，故本章考虑将总样本分国有跨国企业样本和非国有跨国企业样本进行研究。

第六章 跨国企业补贴量的研究——基于不同创新分位水平的研究

延续第五章关于政策补贴的量的研究，本章从另一个角度分析了直接政策补贴对跨国企业新产品创新的分位数影响机制。通过分位数回归结论研究政策补贴在跨国企业不同创新阶段（水平）上的影响关系，

9

并根据跨国企业所处的分阶段的影响系数进行补贴核定。另外，由于跨国企业投资模式不同，补贴对创新的影响也存在差异，故本章还进一步考虑将总样本分为绿地投资样本和跨国并购样本进行分析研究。

第七章 中国对外投资企业海外战略——基于投资动机异质性视角

本章基于技术、资源、市场和免税视角的投资动机视角，分析和总结投资经验教训有效利用国家和企业的自有资本成功获取国内所需资源，对中国产业结构转型、价值链攀升具有重大意义。

第八章 间接补贴形式对跨国企业创新的影响——以特许使用权税收优惠为例

第四、五、六章分别从补贴的有效性和"量"上讨论和研究跨国企业的直接补贴政策对其新产品创新的影响。本章则以东道国的特许使用费税收优惠为例讨论间接补贴形式对跨国企业新产品创新的影响，在研究过程中本章还将与东道国政府的政治关联纳入研究框架中，探讨其在补贴与创新关系上的调节作用。通过该部分的探讨扩展了其他补贴形式对创新的影响的研究，为政府运用多种政策手段激励企业创新提供可靠依据。

第九章 政策补贴与中国对外投资企业生产效率

本章通过微观企业层面数据揭示，就整体对外投资企业而言，国家补贴已经阻碍生产效率提升。进一步挖掘国家补贴所涵盖企业现实，补贴对生产效率的影响效应是非线性的双门槛机制。对当前的补贴制度调整具有重要的启示意义，政策制定者将补贴控制在生产效率的合意区间内可以很好地抑制由于过度补贴造成的产能过剩问题，而且能发挥国家补贴对海外投资企业生产效率的激励作用。

第十章 海外投资与创新驱动

就中国 OFDI 企业而论，中国企业已经迎来了以全要素为主的创新驱动时代。研究企业的对外直接投资与创新是中国经济进行价值链攀升，提升核心竞争力的必由之路。

第十一章 结论与政策建议

本章通过结合第三至第十章的理论与实证研究内容，总结了包括政策补贴与创新的监管机制研究、补贴的政策效果评估、补贴的量的研究、其他补贴方式与创新关系的研究四部分的研究结论，并针对各个部分的研究结论给出对策和建议，更好地发挥政策补贴对创新的激励作用。

第五节 研究思路

根据当前中国经济转型升级、产业结构调整和中国海外投资的背景，以跨国企业样本为研究对象，深入探讨政策补贴对企业创新的激励作用，为中国创新型经济的建设提供一份有益的历史借鉴。本书的研究思路可以描述为：（1）通过演化经济学的动态思想分析政府补贴监管与跨国企业创新机制，依此管理和控制企业采用创新策略而非骗补策略；（2）根据中国海外投资的历史数据分析近年来中国补贴政策的政策效果，并在此基础上通过门槛思想和创新阶段论对政策补贴的"量"

进行科学的核定，促进政府精准补贴，更好地发挥政策补贴的创新激励作用；（3）与直接补贴下降相比较，探讨间接政策补贴形式对跨国企业创新的影响，丰富政府关于创新激励的政策手段研究。

第六节　研究方法与技术路线图

一、研究方法

本书主要使用理论推导和实证研究相结合的方法探讨政策补贴与企业创新的内在联系。在参考国内外关于政策评估机制研究方法的文献基础上，本书运用最优化理论方法、博弈论方法对跨国企业的政策补贴管理和评估机制进行理论推导，并且进一步通过统计学的方法对当前跨国投资情况、补贴情况进行统计分析，随后使用实证的线性与非线性回归方法对政策补贴的政策效果和补贴量进行科学评估。

书中方法的具体运用情况如下：（1）在本书第三章通过采用最优化理论与演化博弈论方法研究政策补贴的管理机制；（2）在本书第四章的研究中使用实证回归中的差分对比的方法探讨补贴企业与无补贴企业的创新差异，并通过回归结论对政策效果进行评估；（3）在本书第五章运用非线性的门槛回归机制研究政策补贴与创新之间的联系和本书第六章使用分位数回归方法探讨政策补贴与跨国企业阶段创新的内在联系；（4）运用静态面板分析法与中介变量法对比研究间接补贴形式对跨国企业创新的影响；（5）其他方法。本书还使用了诸如数值模拟、Matlab 和 Stata 作图等辅助工具呈现研究结论。

二、技术路线图

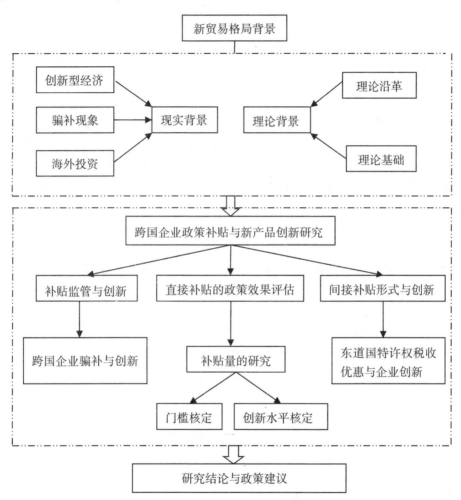

图 1-1　拟采用技术路线图

第七节 本书特色

本书在前人建立的理论模型和实践研究的基础上进行了深入而细致的研究，在关于政策补贴与企业创新关系的研究方面有以下三个特色。

第一，借鉴前人关于政府监管惩罚机制的理论研究，进一步扩展并建立政府补贴监管与跨国企业创新的演化博弈模型。首先，通过动态的系统分析法研究地方政府群体与跨国企业群体的策略选择的演化博弈过程，并对各种均衡状态的演化路径所需要的演化条件进行系统分析；其次，改变以往研究中政府"是与否"的策略选择集合，即扩展在政府必须进行惩罚或是监管条件下的策略集合，在该条件下政府的策略集合可以描述为"事先（前）、事后"监管或是"主动、被动"监管；最后，将第三方监管（监督）纳入模型，考虑存在第三方举报条件下政府补贴监管与跨国企业创新的演化博弈模型，为研究有限理性条件下地方政府与跨国企业双方的行为策略选择提供有效参考依据。

第二，对当前政府的直接政策补贴对中国跨国企业（OFDI）新产品创新的影响效果进行评估，并进一步讨论补贴量对企业创新的影响非线性机理以及基于该机理的补贴资金的科学分配问题。首先，通过倾向得分匹配（PSM-DID）方法以新产品创新作为评估标准对跨国企业的补贴政策进行科学、合理的再评估，即研究"有政策补贴和没有政策补贴""政策补贴前和政策补贴后"OFDI企业之间的新产品创新是否有差异。并进一步考虑企业的投资目的异质性问题在"补贴与创新"关系上的影响，将跨国企业分为资源密集与非资源密集样本、高新技术企业与非高新技术企业样本进行研究。其次，关于补贴量对创新影响非线性机制研究方面主要分为两种机理。其一是补贴量对创新影响的门槛机理，其二是补贴量对创新影响的分位数机理。最后，给出了两套科学的补贴资金分配方案。根据跨国企业投资目的不同（资源或非资源、高新技术或非高新技术），选择一项影响机理，即根据创新门槛或是创新阶段对跨国企业的补贴资金进行科学合理分配。

第三，对间接政策补贴——东道国的特许权使用费税收优惠对中国跨国企业的新产品创新影响进行研究。首先，研究投资东道国的税收优惠对跨国企业创新的影响。以往的研究基本是立足母国的税收优惠，如出口退税、海外投资税收优惠等，本书将同中国签订税收协定的东道国作为研究对象，深入探讨税收协定中特许权使用费税收优惠对跨国企业创新的影响。其次，引入政治关联，并探讨政治关联在特许权使用费税收优惠对跨国企业创新投入与创新绩效（新产品产出）影响关系中的调节作用。最后，通过实证验证东道国税收优惠的政策效果，即跨国企业为了回馈优惠是否乐于技术溢出，即在东道国本土进行创新。或者说仅仅将税收优惠作为一种盈利方式，比如，作为"税盾"进行抵税。抑或说是一种寻租途径，即同地方政府搞好关系可以获得更多的税收优惠和投资机会。

第二章

新贸易格局下国际贸易理论基础

第一节　政策补贴与监管机制理论研究

伴随着中国社会的快速发展，政治经济学中管制经济学（规制经济学）的发展，政策监管的研究越来越受到广大学者的关注。笪素林、钱钢（2006）[①] 认为中国政府监管机制的发展和演进源自中国社会的发展，同监管理论的研究是密不可分的。在此过程中中国特色的政治发展水平、法制水平与整体经济状况对中国政府监管制度的研究与发展起着举足轻重的作用。多年来的研究硕果累累，其中就研究范畴而言可以包括央企（国企）的自然垄断管制研究方面、金融业的管制方面、文化网络的管制方面、环境管制方面等。从这些研究可以看出，政府部门、研究学者、企业家等都对政府监管体制的改革做出了艰辛的努力和付出了极大的热情，对中国政府监管问题的研究和实践带来了极其重要的启发意义。

由于监管机制研究难以定量化，因而当前该研究往往以理论模型研

[①] 笪素林，钱钢. 中国政府监管机制的现状与理论构建［J］. 现代经济探索，2006（10）：51-55.

究为主，而其中又以政府与所监管对象（企业）的博弈分析模型最为常见。根据近年来演化博弈模型在政府与企业关系上的研究，可以看出该模型在政府监管方面应用广泛。第一，从互联网金融监管研究方面发现，由于便捷性、惠普性等优势互联网金融有着长足的发展，也带来了市场风险和一些不规范交易，政府监管则可以更好地弥补这些隐患且起到了使互联网金融机构自我规范的重要作用。第二，政府监管与科技资源共享方面，通过博弈分析政府监管的奖惩机制降低了高校、企业、科研院所等科技资源的共享成本，从而促进科技资源的共享，为社会创新带来极大的激励作用。第三，政府监管与企业污染排放方面，为了平衡环境与企业经济效益，政府监管是必不可少的，陈友格等（2012）① 的研究发现政府监管行为大大约束了一些能源（石油、煤炭、核电等）企业的污染排放量。路基（2006）② 等着重探讨了关于政府监管行为大大加强了城市的环境执法而公民作为第三方监督群体对环境执法有着重要的影响作用的内容。

　　关于政府补贴与监管问题的研究现在主要有三个方面：首先，对农业补贴的监管问题。中国是一个传统的农业大国，农业补贴的监管问题也是农业发展的主要问题之一。一些研究发现，在对农业补贴的监管过程中有以下主要问题：第一，由于农民素质和文化知识偏低、政府宣传工作不完善，导致广大农民群众对农业补贴方面的政策内容理解不够充分；第二，农业补贴金额巨大，行政审批繁多、管理程序复杂以致难以发挥实际效用；第三，政府自身的监督机制不够完善，很多地区镇、乡

---

① Cheung M，Zhuang J. Regulation Games Between Government and Competing Companies：Oil Spills and Other Disasters [J]. Decision Analysis，2012，9（2）：156-164.

② Rooij B V，Fryxell G E，Lo C W H，et al. From Support to Pressure：The Dynamics of Social and Governmental Influences on Environmental Law Enforcement in Guangzhou City，China [J]. Journal of Economic Perspective，2012（16）：47-66.

监督机制仅仅流于形式，申报审批程序存在诸多漏洞。其次，医疗补贴中的监管问题。最后，研发补贴的监管问题以及对产品创新补贴的监管问题。一些学者研究发现研发补贴方式的选择应该灵活多变，这样才能更好地促进政府与企业、企业与企业间形成紧密合作，即产生创新集群效应。创新补贴方式的不同也会给补贴的效果带来极大影响，所以应该通过对比研究对补贴的分配并进行监管。一些研究发现创新投入补贴（研究开发补贴）与创新产品补贴的效果是不一样的，某些类型（中小民营）企业从创新投入进行补贴比较合适，而某些行业的企业会通过创新产出补贴从而获得更大的激励。陈莞、谢富纪（2009）[①]则从事前和事后的角度分析比较两类补贴的效果发现，事后补贴的方式更能激励企业进行新产品创新，另外一些研究则是从补贴对象方面进行监管。布鲁姆和卡拉斯（2003）[②]通过将常用的拍卖模型运用到解决怎么给补贴对象进行资金预算和分配的问题，并提出相关的拍卖分配方案。杨剑、李勇军等（2012）[③]通过建立数据包络分析方法 DEA 模型对政府补贴的分配和监管问题进行了深入探讨，并通过引入效率与公平完善当前的补贴分配机制。

---

① 陈莞，谢富纪. 创新的直接性政府补贴设计与运用［J］. 科技管理研究，2009, 29 (5)：6-7.

② Blum U, Kalus F. 2003. Auctioning Public Financial Support Incentives［J］. International Journal of Technology Management, 26 (2/3/4)：270-276.

③ 杨剑，李勇军，梁樑. 考虑效率与公平的政府研发补贴分配的 DEA 模型［J］. 软科学，2012 (7)：48-51.

第二节　政策评估理论概述

（一）政策评估定义

政策评估源于西方的市场经济学理论，是解释运用政策手段干预"市场失灵"问题或是弥补"看不见的手"缺陷时的一种政府行为，是验证政策是否合适、是不是能解决市场失灵、政府干预是否有效的评估方式。政策评估是政策科学学科的重要内容，自 1951 年哈罗德·拉斯韦尔（Harold Lasswell）提出"政策评估"的概念以来，政策评估的定义存在多方面的争议，主要有以下两个方面。一个方面是政策过程阶段理论。过程阶段理论包括：（1）以斯图亚特·那格尔（Stuart Nagel）为代表的事前评估理论，该理论认为对政策的评价主要是对政策方案的评估；（2）以托马斯·戴伊（Thomas Day）、埃弗特·韦唐（Evert Vedung）为代表的事后评估理论，该理论认为对政策的评价主要是对事后政策效果的评估；（3）以舍伍德·安德森（Sherwood Anderson）为代表的全过程评价理论，该理论包含了事前评估、事中评估和事后评估的全过程。另外一个方面就是根据一个或者一套评估标准，抑或是从模型、方法论的角度对政策进行评估。①

（二）政策评估的性质

政府是国家权力的执行机关，政策就是权力执行的主要途径之一。所以政策是政府为了解决社会公共事务中所涉及的方方面面的问题而设立的法令、法规的集合。中外学者认为公共政策可以从制度安排、权力

---

① 陈振明．政策科学［M］．北京：中国人民大学出版社，1998.

构成、社会道德价值、规范性和利益等多个层面进行内涵剖析和界定，所以其基本特征可以大致概括为阶级性、合法性、超前性、整体性、时效性等。

首先，公共政策的阶级性体现在为政策制定者服务，是政府行为的产物；其次，公共政策的合法性是国家法制化的政治要求，通过立法机关制定并对特定对象强制执行；再次，公共政策的超前性可以表述为政策目标决定了公共政策应是超前的；再其次，公共政策的时效性说明了公共政策的应用是有一定时限的，在特定历史时期内有效；最后，公共政策的整体性体现了政策从内容、形式及其过程都是复杂的，有一定层次的，并随着公共管理职能的扩展而延伸。

（三）韦唐的政策评估模型

1997年韦唐根据评估标准的不同和针对政策评估中存在的问题，归纳总结出10种评估模型，主要分为效果模型、经济模型和专业模型三个大类，如图2-1所示。

1. 目标模型

目标模型主要分为目标获取模型和侧面影响模型。目标获取模型就是将政策目标作为评估的唯一标准，韦唐认为主要判断依据有两个方面：一是政策目标是否在某个领域内达到了预期结果；二是所得到的结果是否是该政策作用的产物。侧面影响模型就是从政策效果的"侧面"进行评估，由于政策具有较强的外部性，所以在实施政策的时候会出现政策目标领域之外的、难以预料的或是不希望出现的结果，而侧面影响模型正是针对这些不良的外部性进行评估，以评测一项政策的实施效果。

2. 结果模型——自由评估模型

在评估一项政策的时候评估者不能带有任何的主观偏向性，但是目标模型将政策评估分为若干层次、有意突出在政策目标内和外的政策效

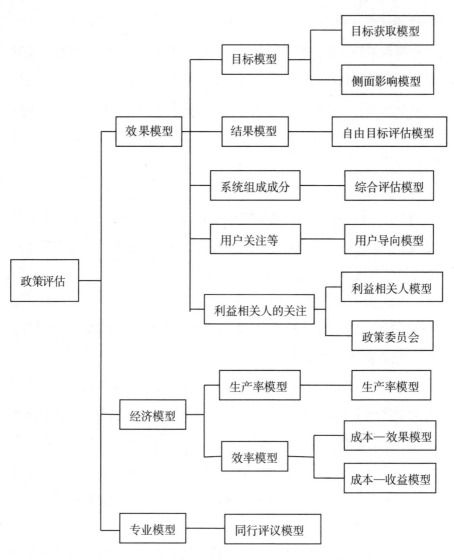

图 2-1　韦唐的评估模型——基于不同评估标准

应，这显然存在偏见。而自由评估模型正是在政策评估者没有任何目标约束的前提下开展评估的，无论是预期的还是非预期的，以弥补目标模型的缺陷。

3. 系统组成成分——综合评估模型

一项政策的完整过程包括酝酿、制定、实施。综合评估模型正是针对整个过程的评估模型，包括政策酝酿的可行性评估、政策制定的科学评估以及实施后的效果评估。综合评估的优势在于不仅仅是关注一项政策的最终结果，还包括前期准备的评估、政策落实的评估，是一个综合的评估模型。

4. 用户导向模型

用户导向模型的主要评估对象是政策接受者或是政策用户，而其他是从政策制定者的角度来考虑分析问题的。其优点在于将广大政策用户的意见反映到政策制定中更好地服务政策用户，其主要缺点有以下几点：首先，对政策用户的定位；其次，相比政策制定者，政策用户的数量是非常庞大的；最后，由于政策用户的异质性，难以选择合适的评估内容。

5. 利益相关人的关注

利益相关人的关注主要包括利益相关人模型和政策委员会。利益相关人模型常用于北美，往往采用列举法分别列出政策制定、执行以及评估过程中的利益相关人，然后通过利益相关人的问卷、访谈、咨询等对政策进行评估。而政策委员会常用于欧洲类似于利益相关人模型，该模型是由政策的利益相关人组成的政策委员会对政策效果进行评价。

6. 经济模型

当政策结果容易量化则选择经济模型较为合适。经济模型可以分为生产率模型和效率模型。生产率模型顾名思义就是从企业的生产率方面进行综合评估，而效率模型是考虑投入产出比，重要的是效率模型也将政策成本纳入评估体系中。

7. 专业模型——同行评议模型

同行评议模型主要是针对一些专业性较强的政策进行评估。该评估方法必须是由相关方面的专家，即同行专家提出意见，从而制定评估标准。

（四）常用的政策评估方法

以上的评估模型是根据一项政策的特点选取合适的评估标准，而下一步的核心问题就是该选取什么样的评估方法。随着政策科学同经济学、统计学等学科的深入交叉，对评估方法的选择也越来越丰富。当前常用的政策评估方法包括两个大类：第一类主要是以定性分析为主，包括问卷调查、面对面访谈、案例研究、同行评议等；第二类主要是以定量分析为主，包括经济计量学方法、统计调查法、投入—产出法、动力学模型法、专利数据统计分析等。由于各种方法都有其各自的优缺点，适用的方向也不同，因此要注意定量与定性方法的相互结合，或是多种评估方法的结合，最终对评估结论做出综合的评估。[1]

第三节　政策补贴与企业创新理论

自 1912 年约瑟夫·熊彼特（Joseph Schumpeter）提出创新技术理论以来，大量学者不再将企业创新的过程看作"黑箱"，而是通过运用各种方法、手段从不同角度对企业创新进行大量丰富的诠释，为企业的创新提供大量的参考和借鉴。随着社会经济水平发展和科技水平提高，现有的创新活动成本越来越高、技术水平越来越复杂、风险也越来越大，这让很多新兴企业和中小型企业对创新望而却步。一些研究者发现虽然

---

[1]　Georghiou L. Issues in the evaluation of innovation and technology policy [A] . Policy Evaluation in Innovation and Technology ： tow ard Best Practices（OECD Proceedings） ［C］. 1997，OECD. 19~33.

创新活动大多发生在企业，但是由于创新有利于提升社会的技术水平和管理方式，是企业正外部性的社会效益体现，从这一点出发可以说创新具有一定的公共品特性，故政府或是纳税人应该承担一部分创新责任。所以政府政策是影响企业创新的主要原因之一，政府可以通过各种政策鼓励企业开展技术创新活动。这些政策措施有以下三方面：第一，外部融资政策支持会鼓励企业的创新。外部融资是企业获得大量资金的主要途径之一，由于企业创新是长期的和不确定的，外部融资成本低可以直接降低企业的创新风险，促使其开展创新活动。第二，税收优惠和减免会促进企业创新。税前扣除、所得税优惠、加速折旧等会大大削减企业研发和创新成本从而激励企业创新。第三，知识产权的保护有利于企业创新。大量研究认为对知识产权的保护是有利于企业创新能力的提升的。但是很多学者对此提出疑问，他们认为发展中国家如果实行过于严厉的知识产权保护政策将会大大阻碍创新，因为这将大大压制发展中国家企业模仿和学习发达国家企业的知识和技术，从而把自身锁定在低端价值链。发达国家企业的技术扩散效应是发展中国家追赶和学习高新技术的有效途径，宽松的知识产权保护政策有利于国际技术的溢出，从而对发展中国家的创新活动产生积极的推动作用，所以一些学者提出了过于松或是过于严厉的知识产权保护政策都不利于企业创新，二者之间的关系或是复杂的倒 U 型。

政策补贴与企业创新的关系研究方面，当前理论界对二者之间的关系还存在分歧，所以形成了促进论学派和阻碍论学派。

促进论学派从以下几个方面来解释其原因：首先，政策补贴对企业会产生"成本缩减效应"和"融资效应"，企业进行创新活动面临很大的机会成本压力，政策补贴可以从一定程度上缓解企业的创新成本。企业进行外部融资行为会带来债务成本和风险，政策补贴可以大大减少融资所带来的经营风险，从而促进企业进行创新。其次，政策补贴对一些缺乏资金的困难行业或是新兴行业有促进作用。陆国庆等（2014）[①] 通过中国的战略新兴行业的创新补贴研究发现，政策补贴对新兴产业的创新绩效有显著的提升作用，也促进其技术外溢。最后，政府在对企业进行政策补贴的过程中往往会带来高校、科研院所的技术研究外溢，从而促使研究成果转化，鼓励企业的创新活动。

阻碍论学派从以下几个方面来解释其原因：第一，政策补贴的进入会扭曲创新投入要素的价格，甚至有的企业将补贴项目列为投入要素或是利润收入，这种投入要素价格的扭曲会无形地给没有补贴收入的企业带来创新的负面效应，压制他们的创新积极性从而去争取政策补贴；第二，政策补贴在一定程度上会对企业研发支出产生挤出效应，这种效应表现在由于申请政策补贴的成本几乎为零，因而企业只会根据政策补贴所指定的研发项目进行创新，从而忽略其他的研发支出，实际上挤出了企业的研发支出；第三，政策补贴会让企业产生依赖心理，降低生产和创新积极性，另外，巨额的补贴会让企业管理者制订针对补贴的生产计划，甚至为获得补贴产生寻租行为或是恶劣的骗补行为，扰乱正常的政策补贴秩序和市场秩序。

近年来国际上的研究则发现补贴对企业创新的影响并非单一的正向或是负向线性形式，而是复杂多变的非线性形式。国内的研究也支持这一观点，补贴并不是线性的直接给企业研发投入带来增加，但是其有助于使企业获得更多创新产出，其作用机制是非线性的。当前中国政府补贴涉及面广、补贴金额高，部分企业的补贴占其净利润的绝大部分，所

[①]　陆国庆，王州，张春宇. 中国战略性新兴产业政府创新补贴的绩效研究［J］. 经济研究，2017（7）.

以补贴并非越高越好，它存在一个"适度区间"。绍敏、包群①在研究补贴影响衡量技术创新的全要素生产率时发现，当补贴力度小于某个临界值时，补贴能够显著地促进企业技术进步，当其大于某个临界值时，反而会抑制企业的技术进步；傅利平、李永辉（2015）②研究发现政府补贴能够对中国战略性新兴企业的存续时间产生倒 U 形影响，即随着补贴的增加先促进其创新，然后影响不显著，最后阻碍其创新行为。

第四节　间接补贴形式与创新理论

（一）税收优惠与企业创新

内生性增长理论将技术进步（创新）作为促进经济增长的决定性因素，因为大量研究发现高新技术企业在国家和地区经济发展中发挥着极其重要的作用，是带动就业和其他行业发展的重要驱动力，具有显著的正外部性特征。但是由于创新风险大、成本高，单纯地依靠市场力量难以对创新形成有效激励，因此，需要借助政策手段进行调节，税收优惠政策由于存在着较低的寻租风险，是一种补偿外部性的重要政策手段。大量研究显示，税收优惠会激励企业增加创新投入，从而有效促进企业创新；但是也有一些研究发现，由于迎合外部性而忽略自身创新目标、寻租、制度不完善（特别是知识产权保护制度）等问题，税收优惠会对创新投入及创新产出产生不良的影响。

对创新"孵化器"的税收优惠是促进创新的主要方式之一。创新

---

① 绍敏，包群. 政府补贴与企业生产率［J］. 中国工业经济，2012（7）.
② 傅利平，李永辉. 政府补贴、创新能力与企业存续时间［J］. 科学学研究，2015（10）.

"孵化器" 19 世纪 50 年代源于美国，主要作用是为一些科技企业提供科研、生产、经营场所，随后发展到对商业计划、法律财务、市场营销、投融资、战略合作、创业导师指导等项目的支持。政府长久以来高度重视创新"孵化器"的建设，例如，《国家中长期科学、技术发展规划纲要（2006—2020）》指出财政部、国税总局和科技部等必须对创新孵化器的建设给予鼓励创新。随后又陆续印发《关于国家大学科技园有关税收政策问题的通知》《关于科技企业孵化器有关税收政策问题的通知》等诸多税收优惠政策。崔静静、程郁（2016）[①] 研究发现国家对创新孵化器的税收优惠政策大大促进了包括创新服务水平、创新投入、专业技术人员的增长。

（二）融资优惠与企业创新

改善企业的外部融资环境、为企业创新投入和产出提供充足的资金支持是促进企业创新的重要手段之一。为了促进产业结构转型升级，提高企业的创新能力，国家通过积极建设诸多融资平台、降低融资成本等措施促使新兴行业和中小企业开展创新活动。大量研究发现外部融资成本的降低大大促进了企业（特别是上市企业）的创新；有研究发现融资方式的多样化（债券融资、股权融资、银行贷款、私募等）对企业研发投入、创新有积极的促进作用。但是一些研究发现，企业进行创新本身就存在一定风险，外部融资将会加剧企业的创新风险，所以一些企业为了平衡风险收益率从而放弃创新，即外部融资对创新有负向的作用。李汇东、唐跃军等（2013）[②] 根据 2006—2010 年中国上市公司的

---

① 崔静静，程郁. 孵化器税收优惠政策对创新服务的激励效应［J］. 科学学研究，2016（1）：30-39.

② 李汇东，唐跃军，左晶晶. 用自己的钱还是用别人的钱创新？——基于中国上市公司融资结构与公司创新的研究［J］. 金融研究，2013（2）：170-183.

数据研究发现，企业在利用外部融资进行创新时会将创新风险转移到外部，从而弥补创新风险给自身带来的损失。

第五节　演化博弈理论

演化博弈理论是将动态演化过程分析法同博弈理论分析法结合起来的一种方法理论，是当前处理动态均衡的一种重要理论。演化博弈理论由于其特征的原因（方法论、随机因素、时间不可逆性、机制选择性、均衡性、系统性），目前已经成为分析包括制度和体制演进、合作共赢、政策研究等研究领域，并逐步发展成一个研究新领域——演化经济学。

（一）演化博弈理论的产生

演化博弈理论的产生主要得益于两个理论的发展：第一，生物学中的种群进化理论，该理论是用于解释种群在进化过程中的某些现象；第二是经济演化理论思想。古典和新古典经济理论都是以静态分析为主的经济理论，20 世纪四五十年代，阿尔弗雷德·马歇尔（Alfred Marshall）[1] 提出了经济演化的思想，他认为动态演化的过程是复杂多变的，因此传统地把经济运行比作机械的、均衡的、稳定的、决定性的静态分析经济理论，此理论是存在诸多问题。阿曼·阿尔钦（Armen Alchian）（1950）[2] 根据马歇尔的思想提出在经济理论分析中可以使用自然选择来替代利润最大化，并认为市场竞争是决定当前制度选择，可

---

[1]　Marshall A. Principles of Economics（8th Edition）［M］. London , Macmillan, 1948.

[2]　Alchian A. Uncertainty , Evolution and Economic Theory , Journal of Political Economy［J］. 1950（58）：211 –222.

以看作一种市场制度的动态演化过程，因为由于市场竞争的优胜劣汰促使企业采用适合自身发展的生产行为，从而达到一种演化的动态均衡。这种经济演化的思想不仅为新制度经济学的研究开辟了一条重要的研究思路，而且为演化博弈经济理论的形成与发展奠定了理论基础。约翰·纳什（John Nash）（1950）[①] 在研究群体博弈行为中发现，即使假设博弈者没有关于总体博弈结构的完全充分知识，只要假设博弈参与者能够采用各种纯策略的相对优势信息，就可以达到总体博弈的一个纳什均衡，纳什的研究也是早期较为完善的关于演化博弈的理论成果。

（二）演化博弈理论的发展

伴随着演化博弈理论在不同经济领域的应用，逐步形成了完整的演化博弈经济理论。20 世纪 70 年代梅纳德·史密斯（Maynard Smith）提出了关于演化博弈的基本概念——演化稳定策略（Evolutionary Stable Strategy），该概念的提出使得后继研究者从传统的静态和个人博弈的理论陷阱中解脱出来，使得他们从另外一个角度考虑和分析博弈理论。20 世纪 80 年代，越来越多的经济学家把演化博弈运用到研究社会经济制度的变迁、产业演化以及金融市场等，并逐渐开始引入了对称博弈与非对称博弈的概念。直到 20 世纪 90 年代演化博弈发展到了成熟阶段，乔根·威布尔（Jorgen Weibull，1995）[②] 较为完善的、系统地整理和总结了演化博弈理论，而包括保罗·克瑞斯曼（Paul Cressman，1992）[③]、

① Nash J. Non-Cooperative Games [D]. Ph. D. thesis, New Jersey：Princeton University，1950.
② Weibull W. Evolutionary Game Theory [M]. Cambridge：MIT Press，1995.
③ Cressman R. The Stability Concept of Evolutionary Game Theory：a Dynamic Approach [M]. Berlin Heidelberg：Springer，1992.

拉里·萨缪尔森（Larry Samuelson，1997）① 等又从一些其他方面对该理论进行了完善和补充。

（三）演化博弈理论的应用和研究

关于演化博弈的应用国外较为领先，供给学派的代表人之一米尔顿·弗里德曼（1996）② 认为演化博弈理论在经济动态系统应用最为广泛，他以 20 世纪末美国和日本企业作为研究对象，探讨在无贸易活动下企业组织的演化路径。巴斯特（Bester，1998）③ 通过演化博弈方法研究公民规范的演化过程，并发现公民规范的演进依存于长期的自然选择过程。马丁·杜芬伯格等（Martin Dufwenberg，1999）④ 通过间接演化方法比较研究了双寡头垄断竞争市场的演进过程。葛特曼（Guttman，2000）⑤ 运用演化博弈方法研究公平互惠问题，并发现有机会主义存在的群体公平互惠主义是被排斥的，最终群体的进化策略将是投机主义。约翰等（John，2004）⑥ 研究了在公共品博弈过程中三种不同的学习规则在仿制人类行为的表现情况。托蒂（Todd，2005）⑦ 通过演化博弈方

---

① Samuelson L. Evolutionary Games and Equilibrium Selection ［M］. Cambridge ： MIT Press，1997.

② Friedman D, Fung K C. International Trade and the Internal Organization of Firms：An Evolutionary Approach ［J］. Journal of International Economics，1996（41）：113-137.

③ Bester H, Guth W. Is Altruism Evolutionarily stable ? ［J］. Journal of Economic Behavior &Organization，1998（34）：193 -209.

④ Martin Dufwenberg，Werner Guth. Indirect Evolution VS. Strategic Deletion ：a Comparison of two Approaches to Explaining Economic Institutions ［J］. European Journal of Political Economy，1999（15）：281-295.

⑤ Guttman J M. On the Evolutionary Stability of Preferences for Reciprocity ［J］. European Journal of Political Economy，2000（16）：31-50.

⑥ Jasmina A, John L. Scaling up Learning Models in Public Good Games ［J］. Journal of Public Economic Theory，2004，6（2）：203-238.

⑦ Daniel G, Arce M，Todd S. The Dilemma of the Prisoners' Dilemmas ［J］. KYKLOS，2005，58（1）：3 -24.

法研究四种不同类型的囚徒困境问题，并进一步发现这四种类型要达成合作所需要的演化信息。

　　随着演化博弈的发展，中国学者也越来越关注其研究和应用。21世纪初谢识予[①]、张良桥[②]、盛昭瀚和蒋德鹏等人[③]（2001—2005）就演化博弈的一些基本理论、概念以及应用范围等对国内演化博弈的研究做出了突出贡献。易余胤、盛昭瀚、肖条军（2005）[④]通过演化博弈方法研究了双寡头市场、信贷市场中企业的自主创新行为和合作研发行为，并发现机会主义的存在将会破坏企业对合作研发策略的选择。郭本海、方志耕、刘卿（2012）[⑤]通过演化博弈方法分析中国高能耗产业的退出机制，并构建在不同策略下政府与高能耗企业的演化博弈过程。刘德海（2013）[⑥]基于权力博弈和信息传播视角，分析了环境污染群体性突发事件的协同演化问题，并分析了政府在协商谈判、暗箱操作两项策略选择上周边群众反映的演变过程。于斌斌、余雷（2015）[⑦]运用演化博弈的方法分析产业集群对企业创新模式的选择问题，他们发现自主创新和合作创新是根据成本—收益比作为主要参照目标的，而企业自主品牌、竞争程度可以显著刺激集群企业的自主创新能力，与科研院所、高

---

① 谢识予．有限理性条件下的进化博弈论［J］．上海财经大学学报，2001（5）：3-9．

② 张良桥．理性与有限理性：论经典博弈理论与进化博弈理论之关系［J］．世界经济，2001（8）：74-78．

③ 盛昭瀚，蒋德鹏：演化经济学［M］．上海：上海三联书店，2002.

④ 易余胤，盛昭瀚，肖条军．企业自主创新、模仿创新行为与市场结构的演化［J］．管理工程学报，2005，19（1）：14-18．

⑤ 郭本海，方志耕，刘卿．基于演化博弈的区域高能耗产业退出机制研究［J］．中国管理科学，2012（4）：79-85.

⑥ 刘德海．环境污染群体性突发事件的协同演化机制——基于信息传播和权力博弈的视角［J］．公共管理学报，2013（4）：102-113+142.

⑦ 于斌斌，余雷．基于演化博弈的集群企业创新模式选择研究［J］．科研管理，2015（4）：30-38.

校的合作则促进企业间的合作创新。商淑秀、张再生（2015）[①]建立了虚拟知识共享的演化博弈模型，并通过分析企业知识共享的演化路径发现，企业间的虚拟知识互补性、成员间的相互信任程度以及各个成员的地位三个方面因素的上升会促进企业进行知识共享和协同收益，而共享知识在传递、沟通、机会成本的增加会削弱各成员知识共享的积极性。

第六节　国际贸易及跨国投资理论

当前国际商务活动主要包括国际贸易和对外直接投资（OFDI）两个方面，所以学术界根据商务活动逐渐形成了国际贸易理论与对外投资理论，这两大块理论既相互独立又相互统一，是指导当前对外经济活动的主要理论依据。

（一）国际贸易理论

国际贸易诞生至今已经超过了 200 年历史，理论经历了古典、新古典、当代贸易不同时期，伴随着全球化进程，国际分工价值链形成和贸易方式的不断变化，国际贸易理论也由传统的国际贸易理论发展到现代国际贸易理论。

1. 传统的国际贸易理论

传统的国际贸易理论产生于 18 世纪中叶的亚当·斯密（Adam Smith）的绝对优势理论，后面经历了大卫·李嘉图（David Ricardo）的比较优势理论，完成于 20 世纪 30 年代的伊·赫克歇尔（Eli Heckscher）

---

① 商淑秀、张再生：虚拟企业知识共享演化博弈分析［J］．中国软科学，2015（3）：150-157.

和贝蒂·俄林（Berti Ohlin）的要素禀赋理论，这三大理论构成了传统国际贸易理论的基石。亚当·斯密的绝对优势理论的主要内容可以描述为，两个国家在生产两种不同商品的情况下，若一个国家在生产某种商品的效率高于另一个国家，而另一个国家生产另一种产品的效率高于该国，即两个国家在生产两种不同产品方面都有各自的绝对优势，如果此时两个国家根据各自的绝对优势进行专业化分工，则会产生贸易行为，并且贸易双方都能相互受益。大卫·李嘉图在绝对优势理论的基础上继续国际贸易方面的研究，他认为每个国家不应拘泥于生产某种有绝对优势的商品，应该生产那些利益较大的产品，而后进行国际贸易。这样在劳动与资本不变的前提下，生产总量将增加且根据这样比较优势形成的国际分工对各国都有利。一直到 20 世纪，赫克歇尔-俄林根据各国的初始禀赋不同提出了"要素禀赋理论"，也称作"H—O"理论，该理论认为每个国家的要素禀赋都是不一样的，市场中的供求关系也不同，这样就导致了要素间的价格差异，而这种投入要素方面的价格差异导致了产品的生产成本和价格差异，最终导致国际贸易的产生。因为只有通过国际贸易才能使得各国的生产要素优势得到比较充分的发挥。

2. 现代国际贸易理论

传统的国际贸易理论是建立在完全竞争、产品同质性、规模报酬不变的基本假设之上的。而随着战后经济的复苏与全球分工的垂直专业化进程，传统的国际贸易理论受到了很大挑战。20 世纪五六十年代，华西里·里昂惕夫（Wassily Leontief）在运用经验数据对美国的对外贸易进行研究时发现其结果有悖于要素禀赋理论（H—O），这就是著名的"里昂惕夫之谜"。这促成了现代国际贸易理论的诞生，其内容主要包括了国际贸易中的产品周期理论、要素贸易理论、产业理论等。另外，当前贸易理论也与其他经济理论相结合，促进了现代贸易理论的进一步发展。第一，国际贸易理论与企业理论的融合。第二，贸易理论与投资理论的融合。第三，贸易理论与空间经济理论的融合。第四，贸易理论与制度经济学的融合。

(二) 跨国投资理论

1. 对外投资理论

跨国企业的对外直接投资 (FDI) 是推动当前世界经济发展的主要动力之一，体现了全球垂直分工的专业化和精细化。史蒂芬·海默 (Stephan Hymer) 于 1960 年通过垄断优势理论分析了企业的对外直接投资是不完全竞争的产物且认为企业之所以选择对外直接投资来源于其拥有的垄断优势。海默的研究使得 FDI 理论首次从国际贸易理论中分离出来，形成独立的理论体系。随后彼特·巴克利 (Peter Buckley)、马克·卡森 (Mark Casson) 和阿伦·拉格曼 (Alan Rugman) 在产权理论的基础上共同提出了 "内部化理论"，其主要内容是指企业可以通过外部市场的原材料、半成品、劳动、技术等来弥补企业自身内部的低效率和不足。内部化理论合理地解释了企业对外直接投资的基本动机问题，从而很好地解释了有关对外投资区位选择及跨国经营网络构建的问题，所以得到学术界的广泛认同。罗伯特·曼德尔 (Robert Mundell) 于 1957 年提出了投资与贸易替代理论 (Theory of Investment and Trade Institution)，该理论是以大卫·李嘉图的比较优势理论为基础的，不同的是该理论表明，不是购买他国更有效率的产品而是通过对外投资方式来取代贸易，这样做成本会更加低廉。随着新兴国家的经济腾飞，发展中国家的对外投资理论也得到长足发展。麦塞斯 (Mathews，2002)[①] 提出的 LLL (Linkage-Leverage-Learning) 理论是后发国家对外投资理论

① Mathews, J. A. Dragon Multinational [M]. Oxford University Press, New York, 2012.

的基础理论，他认为后发国家的国际化投资历程要经历联系（linkage）、杠杆（leverage）和学习（learning）三个过程。其中"联系"就是向外发展的概念，"杠杆"是国际化方式的概念，"学习"则是企业自身努力的过程。该理论给发展中国家对外投资的启示主要是后发国家与发达国家相比有着可以学习的竞争优势，可以通过学习方式大大缩短其所欠缺的技术、经验等方面的不足。

2. 跨国公司理论

跨国公司是国际贸易的主要媒介，它伴随着西方资本主义的发展诞生于19世纪，现已成为推动世界经济发展的主要力量之一。第二次世界大战以前，往往是以宏观国家利益为主对企业进行研究，而忽视了企业本身作为黑匣子一样的整体作用。罗纳德·科斯（Ronald Coase）等人于1937年发表《公司的性质》一文后，才把企业作为研究主体对其进行深入剖析。随后跨国公司理论也取得了长足发展，主要包括垄断优势理论、国际产品周期理论、生产理论、内部化理论、组织理论等。到20世纪80年代以后，进入了现代跨国公司理论阶段，这个时期的研究主要是以公司治理、企业异质性理论和母子公司关系理论为主。

①跨国公司治理。关于跨国公司的治理研究来源于公司治理理论，跨国公司治理与本土公司治理的区别主要存在两个方面，一是跨国公司治理考虑了涉及监督职业经理人与股东关系的层面，二是跨国公司治理母公司与子公司的地理距离（分散性）、较高的东道国股份及其利益相关者以及东道国政治、文化、经济制度等复杂因素的影响。首先，东道国利益相关者对跨国子公司治理的影响。克洛（Chloe，2006）① 根据公司治理理论提出跨国子公司东道国政府与当地企业或经营组织的互动

---

① Kor Y Y. Direct and interaction effects of top management team and board compositions on R&D investment strategy［J］. Strategic Management Journal，2006.

理论框架。随着跨国企业持续的投资，其会产生压力、示范、专业化等效应扩散到当地企业和政府，伴随而来的就是这些利益相关者会对跨国企业的公司治理产生一系列影响。其次，东道国制度、文化等因素的影响。由于"存在着外来者劣势"，跨国企业只有通过采取趋同东道国制度、文化等竞争战略才能获得当地政府和市场的认可，因此公司治理也会产生差异。最后，跨国公司母子公司关系的治理问题。关于这方面的研究主要包括海外子公司角色治理的研究、代理理论和社会理论结合的探讨研究、母子公司股权控制关系的研究。

②企业异质性理论。随着20世纪80年代以来全球化进程的不断推进、国际竞争环境的深刻变化、全球价值链的不断整合，使得传统的跨国企业理论的基本假设之一"跨国企业组织内部是同质的"受到冲击。研究发现跨国公司的组织形式比起本土企业是复杂的，其本质是多维的、异质性的。它们的基本网络形态主要介于联合（unity）和联邦（federation）之间，虽然整体目标是追求企业利润的最大化，但是在各个层级单位上是差异化的。安德森等（Anderson，2002）① 通过网络理论中的"嵌入性（embeddedness）"概念讨论跨国企业的联系密度，包括企业内部各个部门的联系密度、跨国子公司与母公司的联系密度、跨国企业与东道国的联系密度等。通过这种密度计算，他们分析了跨国企业的资源分散性、专业化程度和组织内部的松散程度。通过对以上文献的研究可以发现，跨国公司的动态演化过程从单一的基本假设维度扩展到多维假设；从严格等级制度的组织形式到企业内部充满差异化的部门和生产组织个体的异质性；从单一的海外投资战略到与东道国政府战

---

① Andersson U，Forsgren M，Holm U. The strategic impact of external networks：Subsidiary performance and competence development in the multinational corporation［J］. Strategic Management Journal，2002，23（11）：979-996.

略、东道国企业合作共赢趋势发展。因此，通过跨国企业异质性理论可以看出，现代跨国企业是一个充满多元文化、多战略目标、多种组织形式、有机的鲜活的整体，是经济全球化的主导力量。

③跨国母子公司关系理论。跨国母子公司关系的基本理论认为，海外投资环境比本土投资环境更加复杂多变，所以不能照搬母公司的经营模式，需要根据东道国环境以不同的组织形式加以应对，而依据母国和东道国的投资环境差异，子公司的自主权也会有一定影响。现代跨国企业母子公司关系理论的研究主要包括三方面。首先，母子公司关系理论。该理论的基本内容包括母子公司关系特征和母公司对子公司的控制。在母子公司关系特征方面，主要研究包括跨国公司决策集中化和规范化、协作与控制、文化控制（规章制度）以及怎么合理定义子公司的职能等。在母公司对子公司控制方面，主要探讨正式控制与文化控制的关系。大量研究认为比起正式控制而言，文化控制更为有效，而且不会让子公司员工产生逆反心理。其次，子公司角色理论。子公司角色理论学派认为，由于投资东道国地区环境的差异，子公司扮演的角色也会不一样，其职能不一、挑战和风险不一及所发挥的作用不同，承担的战略观也会有差异。最后，子公司演化理论。子公司演化理论是在关系理论和角色理论的基础上发展而来的，跨国公司管理层一直试图探讨使得母公司控制好子公司的同时又能满足东道国子公司的积极性而实现其全球战略。最主要的和常用的方法就是让子公司担任不同的角色，与角色理论不同的是，这是一个动态的角色扮演过程，随着时间的变迁，子公司扮演的角色也有差异，这就是子公司演化理论。图 2-2 总结了母子公司关系理论的发展过程。

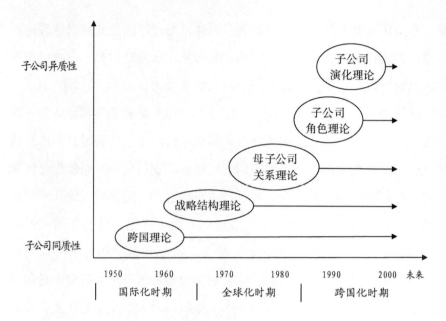

图 2-2　跨国母子公司关系理论发展历程

资料来源:《从同质观到异质观: 跨国公司子公司发展综述》(2006) 蓝海林

　　④技术溢出效应。第一, 技术溢出效应的发现和发展。[①] 在经济学领域肯尼斯·阿罗 (Kenneth Arrow, 1962) 最早用外部性理论来解释溢出效应, 根据他的内生性增长理论, 企业在进行投资的过程中自身不仅可以积累丰富的生产经营经验提高生产率, 其他竞争厂商也可以通过向其学习提高生产率, 这便是最初的技术溢出。之后, 保罗·罗默 (Paul Romer, 1986) 根据阿罗的内生性模型提出了知识溢出模型, 在他的模型中除了资本、劳动这两个生产要素外, 还应该包括人力资本和技术水平两个要素, 即人力资本体现在经过教育或者学习的熟练劳动者上, 而技术水平则体现在资本中的固定资产中的新设备、新原材料等物

---

① Birkinshaw J . Strategy and management in MNE subsidiary. In Rugman A, Brewer T , eds. Oxford Handbook of International Business [M] . Oxford University Press, 2001.

质上，企业在进行投资的过程中，随着劳动者、新设备的流动便会产生技术溢出效应。罗默、卢卡斯（1990）认为知识溢出效应的核心人力资本溢出效应，即向他人学习或者相互学习效应，高人力资本的个体可以带动周围更多人，从而提高整个群体的生产率。科考（Keller，2001）将内外资互动的思想纳入技术溢出框架，他认为通过学习和模仿路径产生的技术溢出效应和竞争产生的技术溢出是不同的，前者在外资企业数量间存在一定的比例关系，而后者是内外资企业相互竞争的结果。随着 20 世纪末全球化进程的不断推进，跨国企业对外投资（FDI）越来越多，跨国子公司所带来的不仅仅是资本还有新技术，在不断与当地厂商的竞争过程中，新技术会随着投资的增多逐渐溢出。近年来，由于中国经济受到世界瞩目，大量学者通过不同方法和研究视角反复论证跨国投资的技术溢出问题，并取得了相当丰硕的成果。

第二，逆向技术溢出效应。

最早关注逆向技术溢出问题的是日本学者，卡哥特等（Cargotec et al.，1991）[1] 的研究发现，日本对美国投资的跨国投资企业大多集中于美国的技术密集型行业，而且资本组织形式偏向于合资，为此他们推测美国的逆向技术溢出正是日本跨国企业的最重要动因。随后海普等（Hipo et al.，2001）[2] 的研究进一步证实了投资东道国对母国的逆向技术溢出的存在，而溢出渠道主要包括国际商品贸易和资本、技术输出。布鲁诺等（Bruno et al.，2005）[3] 在海普等的研究基础上进一步验证了

---

[1] Kogut，B. Chang S. J. Technological Capabilities and Japanese Direct Investment in the United States [J]. Review of Economics and Statistics，2001，73（3）：401-413.

[2] Coe，D. T.，Helpman，E. International R&D Spillovers [J]. European Economic Review，1995，39（5）：859-887.

[3] Bruno van Pottelsberghe de la Potterie，Frank Lichtenberg. Does Foreign Direct Investment Transfer Technology across Borders [J]. The Review of Economics and Statistics，2001，83（3）：490-497.

OFDI 对于技术逆向溢出的重要性，并且和 FDI 的技术溢出做了对比分析。随着中国"走出去""一带一路"倡议的提出，国内学者对 OFDI 的逆向技术溢出问题进行了深入探讨，主要结论分为两方面：第一，OFDI 的输出有利于逆向技术溢出；第二，OFDI 对逆向技术溢出并没有显著影响。

小结

在现有理论和方法上给补贴与企业创新关系的研究奠定了夯实的理论基础，但是在一些研究领域仍然可以更进一步，一些地方需要完善，以提升补贴对创新的激励作用。

第一，虽然关于现有惩罚机制的方法和文献很多，但是其研究领域仍可以进一步扩展，假设条件和策略集合可以进一步放宽。首先，现有关于惩罚机制的理论研究多局限于能源、环境、垄断市场等领域，而政府管制与企业骗补行为的研究仍然停留在事件研究上，缺乏一套有效的理论分析机制；其次，现有政府管制机制研究模型大多停留在静态模型上，缺乏动态演化机理的讨论；再次，在现有政府管制博弈模型的研究中，策略的选择还局限于惩罚与不惩罚、管制与不管制上，缺乏必须惩罚和必须管制的策略探讨；最后，在研究政府管制模型时没有考虑第三方介入监管的问题。第三方的监督普遍存在于现实的社会经济活动中，如污染企业的排污行为会受到周边居民举报、商家的假货会受到消费者投诉等，所以将第三方监督纳入政府—企业监管体系中是理论结合现实研究的必要选择。

第二，在现有关于直接的政策补贴与企业创新方面的实证文献中，有如下几个方面可以进行补充。首先，并未涉及补贴政策评价研究。政策执行者只是照本宣科般地发放补贴，至于补贴对企业创新的有效性评估如何、该项补贴政策有何漏洞只能通过后续的第三方披露或是事件研究来弥补。其次，补贴对企业创新的影响机制大多以线性形式为主，缺少非线性的研究以及基于该机制的补贴政策探索。补贴量的研究方面应该进行科学的、系统的讨论，这样才能做到精准补贴。另外对补贴对象不应该带有主观性的、歧视性的、偏向性的色彩。最后，缺乏政策补贴对海外投资企业（OFDI）的创新影响状况的相关文献。由于中国跨国投资企业主要在海外进行经营活动，东道国政治、经济制度存在较大异质性，给数据统计和整理带来极大限制，也桎梏了政策补贴与跨国企业创新关系的研究。

第三，现有间接的补贴政策主要以税收优惠为主，而有关税收优惠与企业创新的关系并未有统一定论，所以存在一些问题有待进一步探讨。首先，税收优惠政策并不是针对企业创新的，所以必须进一步深入挖掘有关创新税收的优惠政策对企业创新的影响；其次，缺少东道国税收优惠方面的研究。现有研究都是立足于本国或是本地区的税收优惠对本土和外资企业的创新影响，而缺少投资东道国优惠政策对中国跨国企业创新影响的研究；最后，未将海外政治关联纳入研究模型中。"关系"不仅存在于中国的经济活动中，也广泛存在于各国的国际贸易中，搞好与东道国政府的"关系"对跨国企业获得更好的税收政策极其重要，所以讨论政治关联在税收优惠与企业创新关系上所发挥的作用是现实研究的需要。

第三章

政府补贴监管与跨国企业创新演化博弈分析

第一节 模型背景

中国经济进入了调整转型期,国家和政府为了改变以往依赖要素投入的传统发展模式,促进中国经济成功转型为以创新为驱动的新型发展模式,对特定行业(如以自主创新为主的新兴行业)、特定群体(以寻求海外技术为主的跨国投资企业)等进行补贴。跨国企业作为呈现中国国际竞争力的主要载体,肩负着带领国内企业进行转型、行业进行产业结构调整的重任。为了促进跨国企业的创新,国家和政府鼓励中国对外投资企业进行自主创新、与海外高技术企业合作、收购海外高技术企业等行为,并为此进行创新补贴激励。但是一些跨国企业通过财务掩饰、转买他人新产品等行为掩盖创新,骗取政府高额创新补贴。例如,2016年9月财政部公布的新能源汽车骗补的典型案例中,一些新能源汽车企业采用了"有牌无车""有车缺电""标识不符"等方式套取国家高额创新补贴。据此,财政部联合工业和信息化部对骗补的新能源汽车企业进行严厉处罚,并责令停止生产销售有问题车型、暂停新能源汽车推荐目录申报资质、责令6个月内进行整改。就新能源汽车骗补行为的反思方面，许多业内人士认为，"补贴认定"和"补贴发放"两个审批程序的漏洞导致了一些企业铤而走险骗取创新补贴。骗补行为的发生不仅仅存在于新兴的跨国企业，同时包括农业、能源、文化等行业的跨国企业，比如，由于创新补贴的激励，中国的文化动漫行业生产出来了一大批只求上映、不求口碑的粗制滥造的劣质动漫作品，创造了泡沫般的虚幻的市场繁荣景象，严重扭曲动漫市场的价格要素，对产业结构调整和经济转型带来极其恶劣的影响。

骗补行为的发生和发展不仅会让补贴群体对补贴政策的有效性产生怀疑，也会给整个行业和市场带来不良影响，影响正常的社会经济秩序。从事物的两面性与企业追逐利润本性分析，补贴政策的实施必然会伴随着骗补行为的发生，虽然有其政策制定时存在漏洞方面的原因，但是政府亦可以通过一系列补救措施来遏制跨国企业的骗补行为，促进企业朝着创新的正确道路发展。

综上所述，对于当前地方政府对创新补贴的监管机制的研究依然存在以下一些问题。首先，由于骗补行为的方式多样、隐蔽性高等原因，对于一些违规企业的骗补行为难以洞察，因而第三方监督机制的研究将显得更为必要；其次，对于骗补行为的研究不再局限于（监管、不监管）的策略集合，对于骗补行为应该采取零容忍态度，即必须监管，监管的策略集合也扩展为（主动监管、被动监管）或是（事先监管、事后监管）等；最后，以往的一些模型并未对政府部门的执行能力加以考虑，抑或是假设拥有"完美的"执行能力，然而这种假设是与现实情况不符的，因此本章将引入"监管成功率"的概念采用演化博弈的方法建立地方政府与跨国企业博弈的模型，并分析在不同博弈均衡条件下，地方政府为遏制跨国企业骗补行为所要进行的策略选择问题。

第二节 基本假设

基于跨国企业的骗补现象，政府部门可以通过"事先监管"和"事后监管"两种策略对该现象进行监管，其中事先监管可以理解为政府通过对跨国企业补贴申请资格的审查、补贴资金的具体应用情况进行监管。而事后监管主要包括对跨国企业创新绩效的审查和评估等，因为政府行政资源的有限性，假设地方政府在对创新补贴资金进行监管的过程中仅能选择一种监管策略；而跨国企业的策略行为有创新和骗补，创新即跨国企业将获得的补贴资金完全用于企业的创新，而骗补则是跨国企业将补贴资金完全或是部分挪作他用；此外还考虑到政府和企业都是有限理性的决策者。

一、政府部门（ G ）

假设 π_G 表示政府部门对跨国企业的骗补行为查处成功后所获得的收益，这其中包括了处理骗补后所收获的罚款，且 $\pi_G > 0$ ； C_{GA} （大于 0）表示政府部门事先监管的成本， C_{GP} （大于 0）则表示政府部门事后监管的成本，由于事后监管是在骗补行为事发后掌握一定证据后做出的监管，因此该成本要比事先监管的成本高，即 $0 < C_{GA} < C_{GP}$ ； α , β 分别表示政府部门事先和事后监管成功的概率，且 $0 < \alpha < \beta < 1$ ；同时假设 C_{GA} 、 C_{GP} 与对应的监管成功率 α , β 成正比例的关系，其比例系数定义为 k ，表示监管的成本越高，其成功率也会越高，满足 C_{GA} ： $\alpha = C_{GP}$ ： $\beta = k < \pi_G$ 。

二、跨国企业（M）

假设 π_{MI} 表示跨国企业将创新补贴应用于创新所获得的收益，而 π_{MN} 表示跨国企业将创新补贴应用于他途所获得的收益，即本章所定义的跨国企业骗取创新补贴行为。本章假设由于创新成本、消化吸收创新知识等原因，在短期内，跨国企业通过骗补的手段所获得的收益要大于补贴给企业创新带来的收益，即 $\pi_{MN} > \pi_{MI}$；P_M 表示跨国企业由于骗补行为所受到的惩罚，这些惩罚包括现金罚款、优惠税收以及企业名誉等多方面的损失；C_M 表示跨国企业为配合政府部门的监管所要付出的成本；λ 表示跨国企业的骗补行为被第三方举报的概率。政府部门和跨国企业具体指标和参数定义见表3-1，二者的博弈收益矩阵见表3-2。

表3-1　政府部门和跨国企业具体指标和参数定义

政府（G）		跨国企业（M）	
符号	定义	符号	定义
π_G	政府部门查处跨国企业违规骗补行为成功后所获得的收益	π_{MI}	跨国企业将创新补贴应用于创新所获得的收益
C_{GA}	政府部门事先监管的成本	π_{MN}	跨国企业将创新补贴应用于他途所获得的收益（骗补行为）
C_{GP}	政府部门事后监管的成本	P_M	跨国企业骗补而受到的惩罚
α	政府部门事先监管成功的概率	C_M	跨国企业配合监管部门所要付出的成本
β	政府部门事后监管成功的概率	λ	跨国企业骗补行为被第三方举报的概率

表3-2 地方政府与跨国企业的收益矩阵

决策者	政府（G）		
跨国企业（M）	策略	事先监管	事后监管
	骗补	$(1-\alpha)\pi_{MN} - \alpha P_M - C_M$, $\alpha\pi_G - C_{GA}$	$\lambda[(1-\beta)\pi_{MN} - \beta P_M - C_M] +$ $(1-\lambda)\pi_{MN}$, $\lambda[\beta(\pi_G - C_{GP}) + (1-\beta)$ $(-C_{GP})]$
	创新	$\pi_{MI} - C_M$, $-C_{GA}$	$\lambda(\pi_{MI} - C_M) + (1-\lambda)\pi_{MI}$, $\lambda(-C_{GP})$

第三节 政府与跨国企业的演化博弈分析

一、模型构建

假设在跨国企业的群体中，有 x（$0<x<1$）比例的跨国企业选择骗补策略获得政府创新补贴，有（$1-x$）比例的跨国企业选择创新策略获得政府创新补贴；有 y（$0<y<1$）比例的地方政府部门对跨国企业的创新补贴选择事先监管策略，有（$1-y$）比例的地方政府部门选择事后的监管策略；且 x，y 都是时间 t 的函数。

（1）跨国企业骗补和创新的期望收益以及群体平均收益函数分别为 U_1，U_2 和 $\bar{U}$，分别表示为：

$U_1 = y[(1-\alpha)\pi_{MN} - \alpha P_M - C_M] + (1-y)\{\lambda[(1-\beta)\pi_{MN} - \beta P_M -$

$$C_M] + (1 - \lambda)\pi_{MN}\} \tag{3.1}$$

$$U_2 = y(\pi_{MI} - C_M) + (1 - y)[\lambda(\pi_{MI} - C_M) + (1 - \lambda)\pi_{MI}] \tag{3.2}$$

$$\bar{U} = xU_1 + (1 - x)U_2 \tag{3.3}$$

跨国企业全体选择骗补策略的复制动态方程为：

$$F(x) = dx/dt = x(U_1 - \bar{U}) = x(1 - x)[(\pi_{MN} + P_M)(\lambda\beta - \alpha)y +$$

$$\pi_{MN} - \pi_{MI} - \lambda\beta(\pi_{MN} + P_M)] \tag{3.4}$$

令 $F(x) = 0$，可以得到 $x_1 = 0$，$x_2 = 1$，$y_3 = [\lambda\beta(\pi_{MN} + P_M) + \pi_{MI} - \pi_{MN}]/(\pi_{MN} + P_M)(\lambda\beta - \alpha)$

（2）政府部门事先监管和事后监管的期望收益及群体平均收益分别为 V_1，V_2 和 $\bar{V}$，分别表示为：

$$V_1 = x(\alpha\pi_G - C_{GA}) + (1 - x)(- C_{GA}) \tag{3.5}$$

$$V_2 = x\{\lambda[\beta(\pi_G - C_{GP}) + (1 - \beta)(- C_{GP})]\} + (1 - x)[\lambda(- C_{GP})] \tag{3.6}$$

$$\bar{V} = yV_1 + (1 - y)V_2 \tag{3.7}$$

政府部门选择事先监管的复制动态方程为：

$$F(y) = dy/dt = y(V_1 - \bar{V}) = y(1 - y)(\alpha\pi_G x - C_{GA} - \lambda\beta\pi_G x + \lambda C_{GP}) \tag{3.8}$$

令 $F(y) = 0$，可以得到 $y_1 = 0$，$y_2 = 1$，$x_3 = (\lambda C_{GP} - C_{GA})/(\lambda\beta - \alpha)\pi_G$

（3）政府与跨国企业博弈系统的雅克比矩阵，根据式（3.4）和式（3.8）可以得到政府与跨国企业博弈系统的雅克比矩阵：

$$J = \begin{pmatrix} (1 - 2x)\begin{bmatrix} (\pi_{MN} + P_M)(\lambda\beta - \alpha)y + \\ \pi_{MN} - \pi_{MI} - \lambda\beta(\pi_{MN} + P_M) \end{bmatrix} \\ y(1 - y)(\alpha\pi_G - \lambda\beta\pi_G) \end{pmatrix}$$

$$x(1-x)(\pi_{MN}+P_M)(\lambda\beta-\alpha)$$

$$(1-2y)(\alpha\pi_G x-C_{GA}-\lambda\beta\pi_G x+\lambda C_{GP})$$

$$(3.9)$$

二、模型分析

令 $\varepsilon=(\pi_{MN}-\pi_{MI})/(\pi_{MN}+P_M)$ ，公式中 $\pi_{MN}-\pi_{MI}$ 表示跨国企业采用骗补策略的超额收益， $\pi_{MN}+P_M$ 则表示跨国企业骗补行为被查处的损失，这个损失是相对于未被查处时的损失，所以从经济学意义上来看， ε 可以表示跨国企业采用骗补策略的收益损失比。通过对系统雅克比矩阵（式3.9）进行稳定性分析，可以得到在不同条件下的均衡结果，具体情况见表3-3。

表3-3　政府创新补贴监管与跨国企业创新的演化稳定策略

状态	条件	演化稳定策略（ESS）
Ⅰ	$\varepsilon>\lambda\beta>\alpha$	$x^*=1,\ y^*=0$
Ⅱ	$\lambda\beta>\varepsilon>\alpha$	无 $x_3=(\lambda C_{GP}-C_{GA})/(\lambda\beta-\alpha)\pi_G$, $y_3=\dfrac{\varepsilon+\alpha}{\lambda\beta-\alpha}$
Ⅲ	$\lambda\beta>\alpha>\varepsilon$	$x^*=0,\ y^*=1$
Ⅳ	$\lambda\beta<\alpha<\varepsilon$	$x^*=1,\ y^*=1$

状态	条件	演化稳定策略（ESS）
V	$\lambda\beta < \varepsilon < \alpha$	无 $x_3 = (\lambda C_{GP} - C_{GA})/(\alpha - \lambda\beta)\pi_G$， $y_3 = \dfrac{\varepsilon + \alpha}{\alpha - \lambda\beta} - 1$
VI	$\varepsilon < \lambda\beta < \alpha$	$x^* = 0,\ y^* = 0$

（Ⅰ）当存在 $\varepsilon > \lambda\beta > \alpha$ 的条件时，即跨国企业所采用骗补策略的收益损失比 ε 要大于事先和事后监管成功的概率。显然，跨国企业发现无论政府部门采用何种策略对创新补贴进行监管，企业采取骗补策略所获得的预期收益都要大于采取创新策略所得到的期望收益，所以骗补是跨国企业的最优策略，最终骗补策略将驱逐创新策略成为所有跨国企业的唯一策略；企业部门作为有限理性的决策者，希望通过第三方举报的方式来降低自身监管的成本，使得自身利益最大化。所以根据状态的均衡条件做出如图 3-1 所示的演化动态相位图。

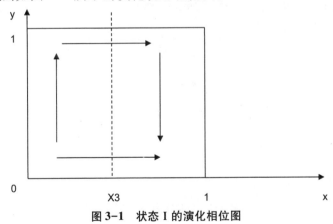

图 3-1　状态 Ⅰ 的演化相位图

如图 3-1 所示，状态 I 分两种情况进行讨论。第一，当地方政府事先监管的比例 y 固定时，由于跨国企业骗补策略所得的收益要大于创新策略收益或是骗补后被发现、受到处罚的收益，所以越来越多的跨国企业采用骗补策略，即骗补策略跨国企业比例 x 趋向于 1；第二，当地方政府事先监管的比例是变化的时候，由于跨国企业受到利益的驱使，越来越多企业采取骗补策略，越来越多的地方政府则采用事先监管的方式来遏制企业骗补策略，所以在一定时期内跨国企业骗补策略与地方政府的事先监管策略达到均衡。但是随着地方政府事先监管比例达到 1（全部进行事先监管），而整体上采取骗补策略收益最高，所以企业将会继续选择骗补策略，地方政府发现事先监管也难以遏制骗补行为，为了节约监管成本也会放弃事先监管策略，放任自流，达到了最终的均衡，即跨国企业全部采取骗补策略（x→1），地方政府则放弃事先监管策略（y→0）。

（II）当存在 $\lambda\beta > \varepsilon > \alpha$ 的条件时，即跨国企业采用骗补策略的收益损失比 ε 介于两种不同方式监管成功的概率之间时，地方政府与跨国企业没有稳定的博弈策略，博弈双方对于博弈策略的选择相互依赖，其状态演化博弈的状态相位图如图 3-2 所示。

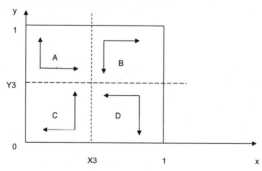

图 3-2　状态 II 的演化相位图

如图 3-2 所示，状态 Ⅱ 分 A、B、C、D 四种情况进行讨论，地方政府与跨国企业博弈双方的策略选择存在相互依赖性，政府部门分阶段制定不同的策略就可以有效地遏制企业的骗补行为。情况 A，当地方政府采用事先监管比例高于均衡监管比例 y3，并且跨国企业采用骗补比例低于 x3 时，跨国企业骗补的收益比高于创新收益，所以企业开始倾向于进行骗补，而地方政府事先监管成本下降（罚金总额增加使得成本下降），有倾向于采取事先监管的趋势；情况 B，当地方政府采用事先监管策略的比例高于均衡比例 y3，并且跨国企业采用骗补策略比例高于 x3 时，政府的事先监管成本会上升，有逐渐放弃事先监管的趋势，而跨国企业骗补策略收益高于创新策略，有逐渐采用骗补策略的趋势；情况 C，当地方政府采用事先监管比例低于均衡监管比例 y3，并且跨国企业采用骗补策略比例低于 x3 时，跨国企业骗补策略收益低于创新策略收益，所以企业倾向于采取创新策略，而此时地方政府采用事先监管成本较低，有倾向于采取事先监管的趋势；情况 D，当地方政府采取监管的比例低于均衡监管比例 y3，并且跨国企业采取骗补策略比例高于均衡策略 x3 时，跨国企业的骗补收益小于创新收益，故倾向于创新策略，而地方政府事先监管成本上升有逐渐减少事先监管的趋势。

（Ⅲ）当存在 $\lambda\beta > \alpha > \varepsilon$ 的条件时，即骗补的收益损失比要小于两种不同监管方式监管成功的概率，也就是说跨国企业采取骗补策略所获得的收益总是要小于创新策略所获得的收益，企业才会抛弃骗补策略从而最终选择创新策略，而地方政府最终会选择事先监管策略，其状态演化博弈的状态相位图如图 3-3 所示。

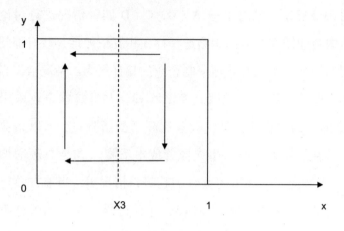

图3-3 状态Ⅲ的演化相位图

（Ⅳ）当存在 $\lambda\beta < \alpha < \varepsilon$ 的条件时，同状态Ⅰ相似的是，该状态下跨国企业处于骗补行为的高发期，由于骗补策略所获得的收益大于创新策略，企业最终也会选择骗补策略，另外地方政府为了获得更多的罚金，降低事先监管成本，最终也会选择事先监管策略，其状态演化博弈的状态相位图如图3-4所示。

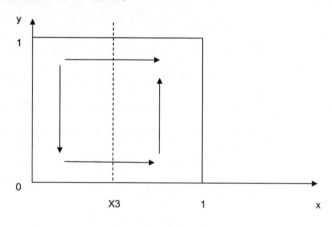

图3-4 状态Ⅳ的演化相位图

（Ⅴ）当存在 $\lambda\beta < \varepsilon < \alpha$ 的条件时，同状态Ⅱ相似的是状态Ⅴ也是处于政府、跨国企业双方博弈的过渡期，双方的博弈策略选择相互依赖，其状态演化博弈的状态相位图如图 3-5 所示。

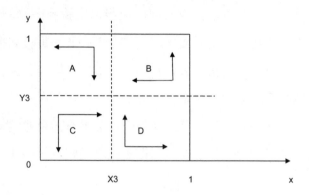

图 3-5　状态Ⅴ的演化相位图

（Ⅵ）当存在 $\varepsilon < \lambda\beta < \alpha$ 的条件时，跨国企业的最终选择会将补贴应用于创新，政府部门则会采用完全事后的监管策略。状态Ⅵ的情形是政府最愿意看到的，政府不必付出监管成本。因为由于骗补行为完全没有利益可图，失去了诱惑力，所以跨国企业都将补贴全部应用于创新，其演化博弈的相位图如图 3-6 所示。

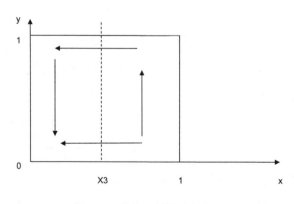

图 3-6　状态Ⅵ的演化相位图

为了有效地解决中国跨国企业创新补贴的骗补问题，根据演化博弈的均衡解与演化相位图，本章可以根据博弈的初始状态得到三条主要的地方政府部门与跨国企业的博弈演化路径：如果地方政府与跨国企业博弈双方初始状态为Ⅰ时，地方政府部门应当加大骗补问题的管制强度，增加骗补的查处成功率，使得演化路径符合Ⅰ→Ⅱ→Ⅲ；如果地方政府与跨国企业博弈双方初始状态为Ⅳ时，政府部门可以加大骗补企业的违规处罚金，减小事先监管的成本，使得演化路径按照Ⅳ→Ⅴ→Ⅵ的路径发展；另外初始状态为Ⅳ时，可以加强公众关于跨国企业骗补行为的宣传，从而增加第三方的监督力度，使得演化路径朝着Ⅳ→Ⅱ→Ⅲ发展。

三、演化博弈策略的数值分析

通过地方政府与跨国企业的演化博弈与模型，求解得到在不同情形下博弈双方的最优决策。本部分考虑在非均衡状态Ⅴ下（$\lambda\beta < \varepsilon < \alpha$）政府的策略选择问题，通过将跨国企业骗补策略的超额收益比 $\varepsilon = (\pi_{MN} - \pi_{MI})/(\pi_{MN} + P_M)$ 带入政府的最优策略选择 y_3 可以得到：

$$y_3 = \beta\lambda - \frac{\varepsilon}{\beta\lambda - \alpha}$$

(3.10)

其中，y_3 表示地方政府选择事先监管创新补贴的比例，λ 表示跨国企业骗补行为被第三方举报的概率，α，β 分别表示地方政府事先监管和事后监管成功的概率。

运用 Stata13 软件本章对不同状态下的博弈演化过程进行模拟，以验证上述博弈模型的动态演化策略Ⅴ下第三方举报概率 λ 的变化对地方政府采用事先监管策略比例 y_3 的影响情况。

在符合现实逻辑的基础上本章设定地方政府事先监管的成功率为固

定值和骗补策略的超额收益比 ε 为固定值，并且事先监管的成功率高于事后监管的成功率，即设地方政府事先监管成功的概率为 $\alpha = 0.2$，而跨国企业骗补策略的超额收益比 $\varepsilon = 0.1$。

考虑在不同的事后监管成功率下（$\beta = 0.1$、$\beta = 0.125$、$\beta = 0.15$、$\beta = 0.175$，$\lambda = 0.2$）第三方举报概率 λ 对地方政府事先监管策略选择比例 y_3 影响的数值模拟情形见图 3-7 所示，可以看出在给定跨国企业骗补策略的超额收益比 $\varepsilon = 0.1$ 和非均衡条件 V（$\lambda\beta < \varepsilon < \alpha$）下，随着第三方举报概率 λ 的提升会导致政府事先监管比例提升，即越来越多的地方采用事先监管策略，而且提升的速度会越来越快，因为函数曲线为凹函数。另外，随着政府事后监管成功率 β 的提升，第三方举报概率集合会缩小，说明了事后监管成功率与第三方举报概率是互补关系。

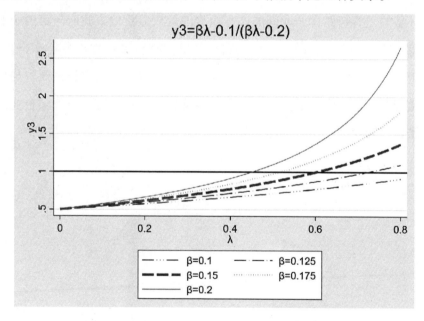

图 3-7　给定 $\varepsilon = 0.1$ 下，λ 和 y3 关系的数值模拟

小结

　　本章通过结合中国企业海外投资与中国政府鼓励企业创新转型的实际，在演化博弈模型的基础上，建立了地方政府关于创新补贴的监管与跨国企业间的博弈模型，以期通过理论分析给地方政府关于创新补贴监管问题带来有益的启示。研究的内容和解决的问题主要有以下几点：首先，建立地方政府与跨国企业间的关于处罚力度、补贴监管成功率、第三方举报概率的演化博弈模型，为地方政府对于补贴的监管带来有力的理论依据，促进政策手段有效地发挥创新激励的作用；其次，通过对创新补贴的监管与跨国企业间的博弈模型的解析分析地方政府与跨国企业的稳定策略集合，并对不同稳定状态的演化路径进行理论分析；再次，基于一个演化非均衡状态 V 的数值模拟分析，讨论第三方举报概率与地方政府监管策略选择的关系；最后，根据创新补贴的监管与跨国企业间的演化博弈模型的结论提出相关政策建议。

第四章

中国跨国企业补贴政策效果研究

第一节　研究背景

巴里·诺里斯（Barry Norris）[1] 认为中国迄今的经济模式是通过利用廉价劳动力，将自身打造成世界成本最低的制造商。随着劳动力供给的持续放缓，投资、出口、内需等经济潜能的逐步耗尽，中国近几年的经济增长出现了持续放缓的趋势。大量研究显示中国如果要避免"中等收入陷阱"，即基于低收入的制造业经济未能成功转型为基于发明和技术的创新型经济，就必须提高中国整体企业的创新能力。然而中国整体的创新形势不容乐观，基于 LP 方法测算的全要素生产率（测算技术进步对经济的贡献）显示，中国的整体创新能力有放缓趋势，2010—2014 年间全要素生产率（TFP）对经济增长的贡献仅为 30%，低于1990—2000 年间的 40% 和 2000—2010 年间的 48%[2]。为破除经济增长困境，释放增长红利，一方面国家于 2015 年 10 月底公布的"十三五"建议

---

[1]　巴里·诺里斯（Barry Norris）是总部位于伦敦的资产管理公司 Argonaut Capital 的创始人和首席执行官。

[2]　该数据是由中国统计年鉴数据库整理计算而得。

将创新单列，显示其重要的战略地位，该建议特别突出供给侧改革，即在创新框架下，鼓励"大众创业、万众创新"，从供给端解决创新难题；另一方面，各级地方政府以定向补贴的形式鼓励有实力的企业走出国门，提升自身的创新能力，以寻求破除"国际贸易价值链低端锁定"的契机。创新是国家经济增长和产业结构调整优化的持续驱动力，政策性的补贴方式是否有助于中国海外投资（OFDI）企业的新产品创新，以及怎么对政策补贴进行科学合理的再评估等都是需要进行深入探讨的重要议题。本章从微观企业层面数据出发，评析补贴对中国 OFDI 企业新产品创新的影响，为决策者和后续的研究提供一份值得参考和借鉴的宝贵资料。

一、理论背景及假设提出

（一）当前补贴政策阐述

政策补贴是指根据国家政策的需要，对某些特定的产业、部门、地区、企事业单位或是某些特定产品、事项给予补助和津贴。目前，企业所得到的政策性补贴方式主要包括以下几方面：（1）财政拨款：财政部门拨付给企业用于构建固定资产或进行技术改造的专项资金，鼓励企业安置职工就业而给予的拨款项、拨付企业开展研发活动的研发经费等。（2）财政贴息：政府为支持特定领域或是区域发展，根据国家宏观经济形势和政策目标，对承贷企业的银行贷款利息给予的补贴。（3）税收返还：政府按照国家有关规定采取先征后返，属于税收优惠形式给予的一种政府补助。（4）无偿划拨非货币性资产：如行政划拨土地使用权。

另外，关于外向经济发展的补贴政策及原因：（1）出口导向补贴政策，这一财政政策对于提高一国出口产品的竞争能力、发展外向型经济具有重大的促进作用；（2）服务贸易补贴，该项补贴对促进本国服务业的发展具有积极作用；（3）研究与开发补贴，即 R&D 补贴，是一国技术创新政策中的一项重要内容，由于技术创新是国家高新技术生产和贸易的关键，因此各国都把 R&D 补贴或资助作为首要的技术创新支持政策，也是世界贸易组织（WTO）允许的一种补贴形式；（4）对外投资补贴，该项补贴一般由各部委和地方各级政府部门施行。

（二）补贴与创新关系及研究假设

从实践来看，政策补贴运用适当，就能发挥其经济杠杆作用，促进社会经济的发展；反之，则会使得国家财政背上沉重包袱、给社会经济带来负面影响。随着世界各国纷纷将发展创新型的新兴产业作为调整产业结构、重塑全球价值链格局视为国家级的战略规划以来，各国政府都加大了对企业创新能力的扶持力度，政策补贴就是其中最重要的环节。关于补贴对企业创新的影响机制，一些国外研究资料显示，政策补贴与企业创新的关系会因所有制不同而存在差异，也会通过其研发投入对创新进行影响，具体而言补贴补充了一些企业研发资金的不足。另外，一些学者研究发现补贴扭曲了市场经济行为，并不利于企业创新，因为政策补贴可能挤占企业自身研发投入而在一定程度上阻碍企业的创新行为；也有解释认为补贴是所有制作为制度安排的潜在表征，不同所有制企业在获取资源和管理能力上有很大差异，从而扭曲了市场行为，导致影响企业创新。由于要素市场与产品市场的市场化进程不同步，补贴也会对企业创新行为产生负面的影响。当然，比起补贴给企业带来的促进作用，其所带来的负面影响是有限的。大量研究表明，补贴是促进企业创新的主要政策手段，各国政府通过对其战略化产业提供直接的研发补贴，从而降低研发成本，促进其企业创新。近年来的研究则发现补贴对企业创新的影响并非单一的正向或是负向线性形式，而是复杂多变的非线性形式。我国的研究也支持这一观点，补贴并不是线性地直接给企业研发投入带来增加，但是其有助于获得更多创新产出，作用机制是非线性的。当前中国政府补贴涉及面广、补贴金额高且部分企业的补贴占其净利润的绝大部分，所以补贴并非越高越好，它存在一个"适度区间"。绍敏和包群（2012）[①] 在研究补贴影响衡量技术创新的全要素生产率时发现，当补贴力度小于某个临界值时，补贴能够显著地促进企业技术进步，当其大于某个临界值时，反而会抑制企业的技术进步。傅利平和李永辉（2015）[②] 的研究发现，政府补贴能够对中国战略性新兴企业的存续时间产生倒 U 形影响，即随着补贴的增加先促进其创新，然后影响不显著，最后阻碍其创新行为。

基于以上研究结论发现，补贴对创新有显著的影响，但是影响是促进还是阻碍的结论不一，所以本章提出假设 H1、H1a、H1b。并根据 PSM-DID 方法对这三个假设进行验证。从经济意义上而言也就是对政策补贴与 OFDI 企业创新关系进行政策评估，即补贴（是否有）对创新影响进行检验。

H1：政策补贴对 OFDI 企业的新产品创新有显著影响。

H1a：政策补贴会因资源投资目的不同而对 OFDI 企业的新产品创新有显著影响。

H1b：政策补贴会因技术投资目的不同而对 OFDI 企业的新产品创新有显著影响。

综上，本章的研究模型如图 4-1 所示。

---

① 绍敏，包群. 政府补贴与企业生产率 [J]. 中国工业经济，2012（7）：70-82.
② 利傅平，李永辉. 政府补贴、创新能力与企业存续时间 [J]. 科学学研究，2015（10）：1495-1503.

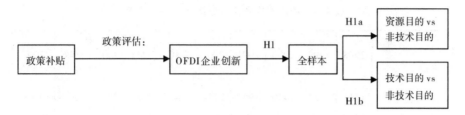

图 4-1　概念模型

第二节　数据和相关统计分析

一、数据说明和描述

为了研究补贴与创新的关系，本章整合 1998—2007 年间包括《境外投资企业（机构）名录》和《中国工业企业数据库》。本次数据整理在保证最大可能的数据完整性前提下，提取所有可能用于研究的对象和变量。

（一）不同数据库的匹配问题

《境外投资企业（机构）名录》[①] 和《中国工业企业数据库》的匹配是通过将企业名称、法人代码相匹配，整理出微观企业的 18 个统计量，最终共匹配得到 1998—2007 年 OFDI 企业数据共计 26040 条。其具体的数据结构如表 4-1 所示。

---

① 《境外投资企业（机构）名录》数据库是由中国商务部对外经济合作司公布，该数据库包括了东道国、境内投资主体名称、境外投资企业名称、境内企业所属省区市、境外企业经营范围等指标。

表4-1　中国OFDI企业总量（1998—2007）

项目＼年	1998	1999	2000	2001	2002	2003	2004	2005	2006	2007
企业（个）	1115	1224	1440	1952	2217	2642	2820	3757	4269	4604
百分比（%）	4.28	4.70	5.53	7.50	8.51	10.15	10.83	14.43	16.39	17.68

（二）变量选择和处理问题

选取的指标包括OFDI企业的基本特征变量：企业代码、地区、年份、行业、工业总产出、固定资产投资、企业补贴、总销售额、新产品产值、国家资本、从业人数、企业开业时间、利润总额、出口交货值、负债总额、研发总额、对外投资额等。另外，由于本章运用到PSM-DID等研究方法，故要对差分指标进行定义和数据整理。具体做法分两步：第一，企业异质差分，变量C表示：有补贴的OFDI企业和没有补贴的OFDI企业。第二，时间点差分，变量T表示：OFDI企业补贴前和OFDI企业补贴后。通过整理后的变量说明见表4-2所示。

表4-2　变量说明

变量		变量名称	说明
Innovation		企业新产品创新指标	新产品产值与工业总产出比
Sub	C	补贴异质性（企业）	企业是否有补贴
	T	补贴异质性（时间）	企业补贴前和补贴后
Subin		补贴强度	补贴与销售总额之比

变量	变量名称	说明
Y1	劳动生产率	工业总产值与从业人数之比
K	资本密集度	固定投资总额与从业人数比
Age	企业年龄	统计年与开业时间之差
Fs	利润率	利润总额与销售总额之比
Ex	出口密集度	出口交货值与销售总额之比
Fin	融资约束	负债总额与固定资产总额比
Soe	国资比例	国有资本与总资产之比
Rdin	研发强度	研发投入与销售总额之比

二、主要变量的统计描述

表4-3为本章主要变量的统计描述，可以看出主要变量创新强度的平均值为 0.147，表示跨国企业生产的产品中 14.7% 来自新产品创新。在补贴方面，可以看出没有得到补贴的企业占大多数，因为在补贴的异质性上的平均值为 0.383。而从时间上分类，补贴后企业总量大于补贴前。其他变量方面跨国企业的平均年龄为 11.3 年，利润率为 5.9%，销售的 35.3% 用于出口，平均负债率为 4.091，销售收入的 1.1% 用于研发。

表4-3 主要变量的统计描述

变量		样本量	平均值	标准差	最小值	最大值
Innovation		26001	0.147	0.278	0.000	1.000
Sub	C	26040	0.383	0.486	0.000	1.000
	T	26040	0.910	0.286	0.000	1.000
Yl		26014	585.542	1707.373	0.000	101178
K		26015	185.505	1329.668	0.000	69102
Age		26032	11.310	13.296	0.000	58.000
Fs		26000	0.059	0.824	−75.786	30.600
Ex		26000	0.353	0.387	0.000	1.000
Fin		25975	4.091	42.688	0.000	5.784
Rdin		16780	0.011	0.135	0.000	15.237

三、不同补贴样本下跨国企业新产品创新状况

统计结论发现，在不同补贴样本下有补贴的跨国企业样本比没有补贴的跨国企业样本创新能力强，即有补贴样本的新产品创新水平平均值为0.2288，大于没有补贴样本的新产品创新水平平均值0.0972。

表 4-4　跨国企业不同补贴样本下新产品创新状况

Innovation	样本量 （N）	均值 （Mean）	标准差 （S. D）	最小值 （Min）	最大值 （Max）
无补贴	16019	0. 0972	0. 2335	0. 0000	1. 0000
有补贴	9982	0. 2288	0. 3214	0. 0000	1. 0000
补贴前	12323	0. 1177	0. 2529	0. 0000	1. 0000
补贴后	13678	0. 1506	0. 1506	0. 0000	1. 0000

第三节　补贴政策评估

一、评估方法介绍

（一）双重差分倾向得分匹配模型（PSM-DID）的选择

关于 PSM-DID 模型的选择本章主要基于以下两点考虑：（1）双差分法（DID）和双重差分倾向得分匹配法（PSM-DID）都是国内外研究政策效果的一项实用方法；（2）PSM-DID 的优势在于在差异做对比时，使得所选对比研究企业的多个属性尽量一致。

（二）关于 PSM-DID 模型

哈克曼（Heckman，1998）、勒文（Leuven，2014）等在 DID 模型的基础上结合倾向匹配得分法（PSM）中的核匹配和 DID 方法，建立基于核匹配的 PSM-DID 模型。该估计方法不仅继承了 PSM 的匹配技术

（实现多元匹配，减少控制组和处理组企业的异质性），而且通过双差分剔除时间异质性和企业异质性给被解释变量所带来的影响，而从数据选择和模型设定两方面解决估计时所产生的内生性问题。具体的模型包括影响创新的"基本方程"和通过倾向匹配得分方法计算最后双差分结果的"过程方程"：

基本方程：$Inn_{it} = \alpha + \beta_1 C_i + \beta_2 T_{it} + \beta_3 C_i T_{it} + \gamma \sum X_{it} + \varepsilon_t + \varepsilon_i + \varepsilon_{it}$

$$(4.1)$$

$$C_i = \begin{cases} 1, & \text{有补贴的 } OFDI \text{ 企业} \\ 0, & \text{没有补贴 } OFDI \text{ 企业} \end{cases}$$

$$T_{it} = \begin{cases} 0, & OFDI \text{ 企业补贴前} \\ 1, & OFDI \text{ 企业补贴后} \end{cases}$$

过程方程：$\Delta\Delta \widetilde{Inn_{it}} = \sum_{j \in T_0} \left[\left(Inn_{it1} - \sum_{j \in T_0} w_{ijt0}^T Inn_{jt0} \right) - \left(\sum_{j \in C_1} w_{ijt1}^C Inn_{jt1} - \sum_{j \in C_1} w_{ijt0}^C Inn_{jt0} \right) \right]$

$$(4.2)$$

其中 $\Delta\Delta \widetilde{Inn_{it}}$ 表示 OFDI 企业新产品创新指标进行 PSM-DID 后的估计量，w_{ijt}^G 表示当和处理组企业 i 进行对比时，在组 G（G＝C 或是 T）中的 j 企业所获得的倾向匹配得分权重。该模型的运用是有个假设条件的，在控制变量 $\sum X_i$ 不变的前提下，被解释变量在组间是相互独立的，即 $Inn_{it} \perp D_i \mid p(w)$，其中 D_i 表示双重差分项（$D = C * T$），$p(w)$ 表示匹配概率，并且 $0 \leq \sum p(w) \leq 1$。

（三）匹配变量的选择问题

倾向得分方法的思想是在控制组与处理组进行对比时，使得两组样本在多属性尽量相一致，从而减小在实证回归中的内生性问题。其中，使得两组样本"相一致"是根据所选取的多个属性距离确定的，距离的计算也就是常用的最近邻匹配法、半径匹配法、马氏距离匹配法和核匹配法。本章采用核匹配法根据 OFDI 企业的基本特征计算倾向匹配得分权重 w_{ijt}^G。根据 OFDI 数据库统计的有关企业基本属性的指标，本章所选择的变量为：企业年龄、出口强度、国资比例、所在地区、所属行业。

（四）控制变量的选择问题

本章中关于企业创新影响控制变量 $\sum X_{it}$ 的选择是依据对相关企业创新理论文献的研究进行的。张杰、芦哲等（2012）认为影响企业创新的因素主要包括研发、劳动生产率、资本密集度、利润率、融资约束，其中利润率（企业利润率）和融资约束（资产负债总额/所有者权益）沿用其定义。而其他变量的选择是结合现有数据库指标和相关研究，劳动生产率和资本密集度定义为平均劳动产出和人均固定资本投入[1]（毛丰付、潘加顺，2012）；借鉴亚汉森（2005）[2] 将研发投入与销售收入之比作为研发的替代变量，定义为研发强度。

二、样本匹配效果分析和匹配方法的选择

（一）样本匹配效果分析

倾向匹配得分方法的作用是使得对比样本（处理组与控制组）在多属性上相似，在本章的研究中该方法是使得中国跨国企业在创新指标上进行对比时，企业基本属性（企业年龄、出口强度、国资比例、所

---

① 毛丰付，潘加顺. 资本深化、产业结构与中国城市劳动生产率 [J]. 中国工业经济，2012（10）：32-44.

② Henson, G. H. Market Potential, Increasing Returns, and Geographic Concentration [J]. Journal of International Economics, 2005, 67（1）.

在地区、所属行业）上相似或是相近。图 4-2 和图 4-3 分别表示补贴的企业异质性（企业是否有补贴）和时间异质性（企业在补贴前和补贴后）的样本相似性对比；图中横轴 x 表示匹配得分值（PS）①，纵轴 y 表示核概率密度；匹配前后表示，进行 PSM 匹配后的样本前后差异。图 4-2 显示，在匹配前（左边函数图）用于对比研究的两组 OFDI 企业（有补贴、无补贴）存在较大的异质性（由曲线的重合程度分析），如果进行对比回归所得到的统计推断显然是有偏的。而经过倾向得分 PSM 匹配后，两类企业间 PS 值的概率分布已经非常接近，表明二者之间各方面的特征相似，匹配效果较好，显著缩小了样本的选择误差。

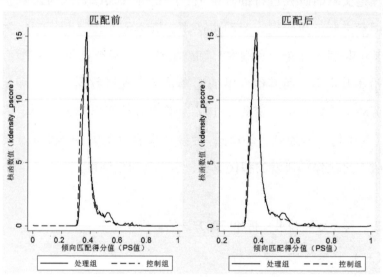

图 4-2　匹配前后补贴的企业异质性上 PS 值概率分布对比

同理，从图 4-2 的曲线重合程度显示，经过 PSM 匹配后，企业的时间异质性也大大缩小，减少了后续研究的估计误差。

①　倾向匹配得分值（PS 值）的计算依据是所选的多属性。在本章中是依据企业的基本属性（企业年龄、出口强度、国资比例、所在地区、所属行业）进行计算的。

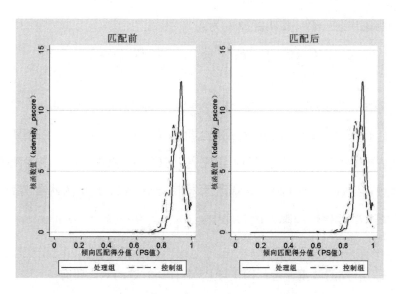

图 4-3　匹配前后补贴的时间异质性上 PS 值概率分布对比

（二）匹配方法选择

当前倾向得分匹配方法在匹配过程中匹配方法的选择包括最近邻匹配法（nearest neighbor matching）、半径匹配法（radius matching），以及核匹配法（kernel matching）。

（1）最近邻匹配的基本思想是寻找 PS 值最为相近控制组样本与处理组样本进行匹配，其匹配原则可以表示为：

$$C（i）= \min_{j} \| PS_i - PS_j \|$$

（4.3）

（2）半径匹配的基本思想是预先设定一个常数 r，把控制组与处理组的 PS 值之差小于 r 的样本进行匹配，其匹配原则为：

$$C（i）= \{ PS_j \| PS_i - PS_j \| < r \}$$

（4.4）

（3）核匹配法则是在核函数（kernel function）的基础上对控制组

和处理组进行匹配，其匹配原则为：

$$C\ (i)\ =\ \{PS_j\,|\ G\ (\ (PS_j-PS_i)\ /h_n\}$$

(4.5)

其中 G 为核函数，h_n 为"带宽参数（bandwidth parameter）"。

由于 PSM-DID 方法的程序是由勒文（Leuven，2003）在 PSM 方法基础上开发出来的，并于 2014 年完善，其匹配方法是基于核匹配方法（kernel），所以当前 PSM-DID 现有程序是没有关于其他匹配方法的，这也是本章选择核匹配方法的原因。

三、补贴的政策评价：DID 与 PSM-DID 方法的对比研究

（一）DID 与 PSM-DID 对比

双重差分倾向得分匹配法（PSM-DID）是在双重差分法（DID）的基础上发展而来的，本章在此对两种方法的回归结果做对比主要是出于以下目的考虑：第一，检验解释变量中控制变量对被解释变量的影响关系，由于 PSM 方法将会通过数据匹配的方式剔除解释变量中控制的影响，因此难以测度其对被解释变量的影响，因此本章中应用 DID 方法来研究其他控制变量的影响情况；第二，检验 PSM-DID 方法的有效程度。PSM-DID 模型的匹配效果可以通过控制变量的显著性来衡量，若剔除了所有控制变量的影响则是理想匹配（表 4-5），若未完全剔除控制变量的影响则匹配是不理想的（如表 4-8 中资源型企业样本和非资源型企业样本），匹配不理想只能说明匹配程度不尽如人意，并不能说明模型设置有误，具体关于模型的有效性检验还是要以协变量的平衡性检验为主（表 4-6）。

（二）实证研究结论

表 4-5 的研究结论显示，在未进行倾向得分匹配前，政策补贴对

企业新产品创新是不存在显著的双差分影响的，仅在企业异质性上有显著的影响，即相较于没有补贴的企业，补贴显著提升了企业在新产品创新方面的能力，提升 0.031 个点；而通过倾向得分匹配后，通过比较倾向得分相近的企业的新产品创新能力发现，政策补贴对 OFDI 企业的新产品创新存在显著的负向双差分影响，即政策补贴使得 OFDI 企业的新产品创新能力落后于没有补贴的 OFDI 企业有 0.049 个点。

　　研究发现其他一些控制变量对新产品创新的影响具有显著的正向关系，包括劳动生产率（0.00013）、利润率（0.06）、国有资本（0.073）、研发强度（0.729）；有显著负向关系的包括资本密集度（-0.00049）、出口密集度（-0.046）；并未发现企业年龄、融资约束、地区和行业对 OFDI 企业新产品有显著影响关系。

表 4-5　政策补贴效果——基于 DID 与 PSM-DID 的研究

新产品创新（Innovation）	DID	PSM-DID
劳动生产率（YL）	0.00013*** （12.83）	-0.00035 （-0.72）
资本密集度（K）	-0.00049*** （-8.86）	-0.00021 （-0.4）
企业年龄（Age）	0.00435（0.955）	0.02823（0.59）
利润率（Fs）	0.06*** （2.435）	0.3531（0.77）
出口密集度（Ex）	-0.046*** （-10.79）	0.02543（0.01）
融资约束（Fin）	0.0055（-0.87）	0.00992（2.38）
国有资本（SOE）	0.073*** （14.806）	-0.3272（-1.41）
研发强度（Rdin）	0.729*** （22.83）	0.490（1.02）

新产品创新（Innovation）		DID	PSM-DID
地区（Reg）		否	否
行业（Ind）		否	否
补贴强度-企业 Sub（C）	Sub	0.062	0.089
	无 Sub	0.031	0.1
△Sub（C-diff）		0.031*** (4.71)	0.012 (1.03)
补贴强度-时间 Sub（T）	Sub 前	0.062	0.175
	Sub 后	0.079	0.138
△Sub（T-diff）		0.017 (1.44)	−0.037** (−2)
△△Sub（DID）		−0.013 (−0.99)	−0.049** (2.24)
N		26040	2357

注：（1）$^*p < 0.10$，$^{**}p < 0.05$，$^{***}p < 0.01$；（2）△Sub（C-diff）为补贴在企业异质性的差分，△Sub（T-diff）是在时间异质性上的差分，△△Sub（DID）为双差分。

（三）PSM-DID 方法的平衡性检验

为了保证 PSM-DID 方法的有效性，必须对模型进行协变量的平衡性检验，即检验各个变量在进行匹配后处理组与控制组的分布是否平衡：若协变量的均值在处理组与控制组间存在显著差异，则不支持 PSM-DID 方法的应用；反之，若不存在显著差异，则支持 PSM-DID 方法。表 4-6 的结论显示，在进行倾向得分匹配后，协变量在处理组和控制组间并不存在显著差异，即协变量在处理组和控制组间的分布变得均匀，支持 PSM-DID 方法的应用。

表 4-6 PSM-DID 方法的平衡性检验

变量	控制组均值	处理组均值	差异（ATT）	T 值
创新（Innovation）	0.089	0.1	0.012	1.09
劳动生产率（Yl）	364.357	384.574	20.217	0.76
资本密集度（K）	115.919	119.954	4.036	0.5
企业年龄（Age）	12.724	12.424	−0.3	0.47
利润率（Fs）	0.052	0.053	0.001	0.14
出口密集度（Ex）	0.307	0.312	0.005	0.27
融资约束（Fin）	3.279	4.134	0.856	1.42
国有资本（Soe）	0.219	0.198	−0.021	1.15
研发强度（Rdin）	0.086	0.233	0.147	0.85

注：各变量控制组与处理组间差异不显著则支持 PSM-DID 方法应用。

四、资源密集与非资源密集型企业的补贴政策评估

（一）分样本原因

由于行业属性差异，资源型企业的目的是获取资源，而不在于新产品创新，而非资源型企业由于投资目的在于东道国市场，新产品的创新是占领市场制高点的重要环节，因而把资源类企业与非资源类企业在创新方面进行比较是不客观的。因此，本章将分资源型企业和非资源型企业两个研究样本，表 4-7 是资源型企业和非资源型企业关于新产品创新方面的一组统计数据。

表4-7　资源型OFDI企业与非资源型OFDI企业统计对比

OFDI 企业	新产品/产出—均值		创新差异	企业个数
	资源型	非资源型		
无补贴	0.0528	0.1081	0.0553	26040
有补贴	0.1532	0.2437	0.0905	16055
创新差异	0.1004	0.1356		
企业个数	4842	21159		

通过表4-7的统计数据可以得出两个结论：第一，无论是对有补贴样本还是无补贴样本而言，资源型企业的创新能力都要低于非资源型企业；第二，无论是对于资源型样本还是非资源型样本而言，有补贴的企业的创新能力都要大于没有补贴的企业。

（二）PSM-DID回归结论

前述已经说明了将资源型企业和非资源型企业在创新方面进行比较是不客观的，所以本章针对"无论是对于资源型还是非资源型样本，补贴都能提升企业创新能力"进行验证。通过PSM-DID方法分别对资源密集型OFDI企业（黄先海，2007）[1]（占OFDI企业总体的18.6%）、非资源密集型OFDI企业（占OFDI企业的81.4%）两个样本进行回归。表4-8的回归结论显示补贴对资源型OFDI企业的新产品创新有没有显著的双差分影响，即与补贴前和没有补贴的OFDI企业相比，补贴有没有显著提升资源型OFDI企业的新产品创新能力；对于非资源型OFDI企业而言，政策补贴显著提升了其新产品创新能力，大约提升了0.111

---

[1]　资源密集型行业包括煤炭开采和洗选业，石油和天然气开采，黑色金属矿采选业，有色金属矿采选业，非金属矿采选业，其他采矿业，石油加工、炼焦及核燃料加工业，电力、热力的生产和供应业，燃气生产和供应业，水的生产和供应业。其他行业则属于非资源密集型行业。

个点。PSM-DID 的实证研究结论表明，在做统计结论的时候需谨慎。

表 4-8　资源型与非资源型 OFDI 企业政策补贴效果——基于 PSM-DID 研究

变量		资源密集型企业	非资源密集型企业
劳动生产率（YL）		0.00047* (1.76)	0.00008 (0.89)
资本密集度（K）		0.00090 (1.03)	0.00040 (1.42)
企业年龄（Age）		0.01141 (1.40)	0.00304 (0.81)
利润率（Fs）		−0.0645 (−0.24)	−0.1425 (−0.52)
出口密集度（Ex）		0.03856 (0.14)	−0.0621 (−0.54)
融资约束（Fin）		0.01274** (2.06)	0.00410* (1.69)
国有资本（Soe）		−0.32177 (−1.10)	−0.2865** (−2.24)
研发强度（Rdin）		0.2285*** (17.92)	0.5565*** (14.63)
地区（Reg）		否	否
行业（Ind）		否	否
Sub（C）	Sub	0.047	0.093
	无 Sub	0.049	0.121
△Sub（C-diff）		0.002 (0.06)	0.028 (1.26)
Sub（T）	Sub 前	0.016	0.167
	Sub 后	0.136	0.306

变量	资源密集型企业	非资源密集型企业
△Sub（T-diff）	0.120（0.91）	0.139＊＊（2.35）
△△Sub（DID）	0.118（0.87）	0.111＊（1.75）
N	4843	21197

注：（1）＊$p<0.10$，＊＊$p<0.05$，＊＊＊$p<0.01$；（2）△Sub（C-diff）为补贴在企业异质性的差分，△Sub（T-diff）是在时间异质性上的差分，△△Sub（DID）为双差分。

（三）实证结论的经济意义分析

对本部分所得到的实证研究结论有可能的解释是：

第一，当前补贴政策存在的问题可能是导致补贴对 OFDI 企业创新影响无效甚至是负向影响的主要原因。（1）补贴所涵盖的企业具有局限性。①所有权限制。近年来政府补贴前十名排行榜中，国有企业，尤其是央企占多数。据 2012 年的上市公司统计数据显示，补贴前十名的企业分别是中国石油、中国石化、重庆钢铁、东方航空、中国航空、南方航空、海螺水泥、＊ST 远洋、上汽集团、中国铝业（新浪财经，2012；2），其中 8 家是央企；②行业限制。补贴大多数局限于资源型企业。宁波的一项"走出去"市级补贴政策，该办法对在境外矿产资源勘查、勘探、开采、加工等方面经营活动的给予定向补助（宁波市对外经贸局，2012；3）；③规模限制。补贴政策倾向于规模以上企业，很少惠及中小企业。云南省科技厅发布消息称"2017 年云南规模以上工业企业，补助金额将超过 5 亿元"（云南省科技厅，2016）。（2）补贴方式和项目的重叠。由于补贴方式的多样性和各级政府部门的补贴政策，一家企业有可能获得多项重复补贴，占用有限的政策补贴资源。（3）明补和暗补方式运用不当。明补是将政策补贴直接发放给企业，是企业看得见的实实在在的补贴方式；暗补则是不经企业之手，通过改善其经营环境、税收优惠等方式对其进行补贴。当前补贴政策对哪些企业使用明补、暗补，或是两者兼并的方式的划分并不明确。（4）其他，如补贴政策的延续性、具体实施情况和寻租等问题。

第二，依靠要素扩张方式或是出口拉动方式已经成为阻碍 OFDI 企业创新的主要因素，因为研究发现资本和出口密集度对创新呈现显著的负向影响。而通过提高劳动生产率、效率（利润率）和研发强度的方式是有利于企业创新的。国有资本的提升有助于 OFDI 企业的创新可能是因为国有企业更容易从"产学研"平台获得知识资源（杨战胜、俞峰，2014），另外以国家为担保或更容易获得海外资源。

第三，资源密集型与非资源密集型企业的补贴差异问题或是因为其战略目的性而产生创新差异。资源密集型企业海外投资的目的在于海外资源的获取而不是以创新为主要目的。而非资源型企业无论是从技术获取还是市场占有等战略目的出发，最终都要归于产品创新，因为技术获取是通过直接的方式促进创新，市场占有则是通过间接反馈机制促进创新。所以单就从创新评估而言，补贴有利于非资源型企业。

五、技术密集型与非技术密集型企业的补贴政策评估

本章通过高新技术企业的研究来验证政策补贴对技术密集型企业创新的影响效果。随着近年来中国经济转型的迫切需求，中国的对外投资（OFDI）战略正悄然发生变化，由资源类投资开始转向高新技术产业。据 2016 年第二季度的《中国对外直接投资报告》显示，中国企业海外并购的目的地超过九成锁定在北美和欧洲等发达国家和地区，其中以高新电子技术闻名的美国和机械制造著称的德国分列第一、二位。相关数据显示①，自"走出去"战略实施以来，高新技术企业的对外投资总量从 2000 年的 148 亿美元增长到 2007 年的 8390 亿美元，而企业个数由 470 家增长到 1821 家。其中，投资总量增长最快的行业为飞机制造业，由 2003 年的 2585 万美元增长到 2007 年的 300 亿美元。对外投资企业数量增长最多的则是通讯交换设备制造业，由 2000 年的 2 家企业增长为 2007 年的 97 家。高新技术跨国企业是中国与世界先进企业进行技术交流的主要窗口，且由于资本、技术和差异化市场等原因，创新路径的选择也会与国内高新技术企业存在较大差异。所以高新技术跨国企业的创新路径选择与新产品创新关系的研究，不仅是创新驱动经济增长模式的重要的组成部分，也可以给中国外向型企业的转型升级提供参考和借鉴。

（一）中国高技术行业划分

通过借鉴和结合张晓强主编的《中国高技术产业发展年鉴》② 所统计的行业，同中国对外投资企业数据库跨国企业行业相匹配。整理的跨国企业行业包括化学药品原药制造（2710），化学药品制剂制造（2720），中药饮片加工（2730），中成药制造（2740），兽用药品制造（2750），生物、生化制品制造（2760），卫生材料及医药用品制造（2770），医疗诊断、监护及治疗设备制造（3681），口腔科用设备及器具制造（3682），实验室及医用消毒设备和器具制造（3683），医疗、

---

① 根据中国对外投资微观企业数据库整理而得。
② 该书介绍了 2011 年中国高技术产业发展、国家高技术产业开发区、创业投资业的发展情况；并对高技术产业中的一些重点行业，主要包括信息产业、新材料产业、航天产业、可再生能源产业、软件产业、集成电路产业、互联网产业、转基因农作物产业、医药产业以及中国现代中药产业等的发展情况、特点与发展趋势进行了分析。

外科及兽医用器械制造（3684），机械治疗及病房护理设备制造（3685），其他医疗设备及器械制造（3689），飞机制造及修理（3761），通讯传输设备制造（4011），通讯交换设备制造（4012），通讯终端设备制造（4013），移动通信及终端设备制造（4014），其他通信设备制造（4019），雷达及配套设备制造（4020），广播电视节目制造及发射设备制造（4031），应用电视设备及其他广播电视设备制造（4039），电子计算机整机制造（4041），计算机网络设备制造（4042），电子计算机外部设备制造（4043），电子真空器件制造（4051），半导体分立器件制造（4052），集成电路制造（4053），光电子器件及其他电子器件制造（4059），电子元件及组件制造（4061），印制电路板制造（4062），家用影视设备制造（4071），家用音响设备制造（4072），工业自动控制系统装置制造（4111），电工仪器仪表制造（4112），绘图、技术及测量仪器制造（4113），实验分析仪器制造（4114），试验机制造（4115），供应用仪表及其他通用仪表制造（4119），环境监测专用仪器仪表制造（4121），汽车及其他计数仪表制造（4122），导航、气象及海洋专用仪器制造（4123），农林牧渔专用仪器仪表制造（4124），地质勘探和地震专用仪器制造（4125），教学专用仪器制造（4126），电子测量仪器制造（4128），其他专用仪器制造（4129），光学仪器制造（4141），复印和胶印设备制造（4151），计算器及货币专用设备制造（4155）。

（二）中国高新技术企业对外投资状况

通过中国跨国企业高技术行业的整理数据（见附录A）显示，2004—2007年间中国共有50个高新技术行业对外进行投资，投资企业数量和投资总额如表4-9所示。

表 4-9 中国高技术行业对外投资现状（2004—2007）

时间 类别	2004	2005	2006	2007
企业（个）	662	785	664	639
总量（亿元）	2080.55	2189.2	1754.8	2480.23

通过附录 A 的数据整理可以得到 2007 年进行对外投资高技术行业的投资结构。从投资总量结构的统计分析发现（图 4-4），2007 年电子计算机整机制造的对外投资比例最高（投资总量为 760 亿元，总高新技术行业总投资的 31.56%），其余依次是印制电路板制造（304 亿元，占12.62%）、飞机制造及修理（300 亿元，占 12.45%）、化学药品制剂制造（240 亿元，占 9.96%）、应用电视设备及其他广播电视设备制造（197 亿元，占 8.18%）等。从图 4-4 企业投资及结构的统计分析发现，2007 年高新技术行业对外投资企业最多的是通讯交换设备制造（企业数量为 97 个，占总企业数量比例的 15.18%），其余依次为电子元件及组件制造（60 个，占 9.39%）、光电子器件及其他电子器件制造（36个，占 5.63%）、化学药品制剂制造（34 个，占 5.32%）等。

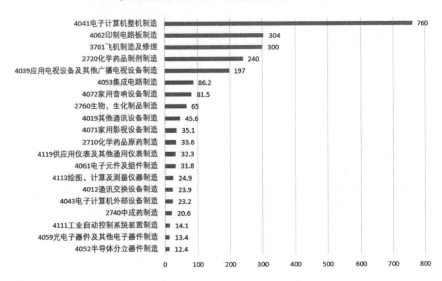

图4-4　2007年中国高新技术行业对外投资结构分析

（三）高技术与非技术密集型跨国企业的补贴政策评估

该部分通过倾向匹配双差分（PSM-DID）方法对比研究高新技术和非技术密集型跨国企业的政策补贴效果。其中，高科技跨国企业占中国对外投资企业总样本的30.5%，对两个样本的回归结论见表4-10所示。

表4-10　高技术与非技术型 OFDI 企业政策补贴效果——基于 PSM-DID 的研究

变量	高技术 OFDI 企业	非技术密集型 OFDI 企业
劳动生产率（YL）	$-4.84e-06$（-0.04）	0.0001（1.08）
资本密集度（K）	0.0026^{***}（3.82）	0.0006^{***}（3.39）
企业年龄（Age）	0.0051（1.46）	0.0176^{***}（7.31）

续表

变量		高技术 OFDI 企业	非技术密集型 OFDI 企业
利润率（Fs）		1.0160*** (3.40)	0.0190 (0.33)
出口密集度（Ex）		−0.6618*** (−3.80)	−0.3009*** (−2.70)
融资约束（Fin）		−0.0425** (−2.06)	0.0010 (0.23)
国有资本（Soe）		0.2112* (1.95)	0.0310 (0.31)
研发强度（Rdin）		0.4369*** (10.59)	0.9034*** (23.07)
地区（Reg）		是	是
行业（Ind）		否	否
Sub（C）	Sub	0.181	0.065
	无 Sub	0.420	0.097
△Sub（C-diff）		0.239*** (7.79)	0.032** (2.02)
Sub（T）	Sub 前	0.245	0.082
	Sub 后	0.396	0.133
△Sub（T-diff）		0.151*** (10.24)	0.051*** (7.76)
△△Sub（DID）		0.088*** (2.59)	0.019 (1.13)
N		7961	18079

注：（1）$^{*}p < 0.10$，$^{**}p < 0.05$，$^{***}p < 0.01$；（2）△Sub（C-diff）为补贴在企业异质性的差分，△Sub（T-diff）是在时间异质性上的差分，△△Sub（DID）为双差分。

高新技术 OFDI 企业回归样本结论显示补贴对高新技术 OFDI 企业的新产品创新有显著的影响：第一，从表中的 △Sub（C-diff）系数可以看出，与没有补贴跨国企业相比，政策补贴显著促进了高技术 OFDI 企业 0.239 的新产品创新（新产品产值占总产值之比）；第二，从 △Sub（T-diff）系数可以看出，与补贴前相比，政策补贴显著促进高技术 OFDI 企业 0.151 的新产品创新；第三，从 △△Sub（DID）系数可以看出，与没有补贴 OFDI 企业和补贴前相比，政策补贴对高技术 OFDI 企业存在着显著的双重差分影响，显著提升了 OFDI 企业 0.088 的新产品创新。

非技术密集型 OFDI 企业样本的回归结论显示政策补贴对非技术密集型 OFDI 企业的创新没有显著影响。具体而言，第一，和没有补贴的 OFDI 企业相比，政策补贴显著提升非技术密集型 OFDI 企业的新产品创新能力 △Sub（C-diff）：0.032。第二，和补贴前相比，政策补贴显著促进非技术密集型 OFDI 企业新产品创新 △Sub（T-diff）：0.051。第三，政策补贴对非技术密集型 OFDI 企业没有显著的双重差分影响，即 △△Sub（DID）的系数没有通过显著性检验。因为单差分的结论并未考虑另外一种差分的情况，所以从回归模型的内生性上而言，双重差分的结论更加可靠。

从中国对外投资企业的目的或是战略目标而言，高技术 OFDI 企业的对外投资主要寻求海外领先的知识或时新技术，也可能是将本国领先的科技产品推销向世界。相比其他目的企业而言，基于这些目的企业将会注重研发或是新产品的创新。所以从经济学上的"投入—产出"理论可以解释政策补贴或是企业的外部融资作为创新产出的一种投入要素将促进企业的新产品创新。

小结

随着"十三五"的出台，中国已经坚定地把创新列为新一期五年规划的核心内容。在规划中，国家和政府已经推动包括脑科学、深空深海探测、智能制造以及机器人等重大战略项目，实施这些项目的意义在于将有利于中国在战略必争领域打破重大关键核心技术受制于人的局面；在给予大力技术支持的同时，政策补贴对企业创新的影响如何？补贴资金来源于国家财政公共预算经费，若补贴不当会导致有限的财政资源浪费，因此对政策补贴研究进行审慎评估显得尤为重要。近年来由于中国对外直接投资不断推进，大量研究数据不断沉淀和更新，为研究中国企业对外投资成效提供了大量可靠的数据支持，因此以微观层面的OFDI企业为研究对象，本章的研究内容和解决的问题可以概括为以下几点：

首先，建立补贴的政策评估模型倾向匹配双重差分模型（PSM-DID），深入探讨有无补贴对企业新产品创新的影响效果。

其次，为了规避行业异质性的影响，对分样本进行了研究。1. 以整体对外投资（OFDI）企业为研究样本。2. 以资源密集型跨国企业为研究样本。3. 以非资源密集型跨国企业为研究样本。4. 以高技术企业为研究样本。5. 以非高技术企业为研究样本。

最后，通过补贴政策的评估结论，剖析对外投资政策与中国跨国企业创新现状，促进中国跨国企业的转型升级。

第五章

跨国企业补贴量的研究——基于直接补贴与 OFDI 企业创新的门槛机制

第一节　研究背景

一、现实背景

为了扭转由于过去过分强调投资所造成的当前中国整体经济通缩、产能过剩，中央政府于 2016 年年初的中央经济工作会议上将"去产能、去库存、去杠杆、降成本、补短板"五项任务作为将来一段时间内的经济工作重心。从中国经济增长驱动力转换的角度分析，中国经济目前正处于由"要素扩张"向"创新驱动"的转换阶段，能否平稳地度过该阶段，成功脱离"中等收入陷阱"，国家与政府的扶持和大力引导是重中之重。对于微观企业而言，国家补贴是引导企业顺利转型的重要政策手段，若补贴不当，企业将重拾"要素扩张—简单的重复生产"的旧路；若补贴得当，企业将完成"效率和创新"的转型。本章在中国对外投资转型的大背景下将深入探讨国家补贴对对外投资企业的新产品创新影响，以及其中的具体的作用机制。从现实意义上讲，一方面推动中国跨国企业朝着"效率和创新"发展模式的转变，有利于改变中国国际贸易产业链低端的现状，也有利于企业供给端的创新，改变中国当前有效供给不足、无效供给富余（产能过剩）的现状，破除经济结构所引起的供给和消费脱节的问题；另一方面，为政策制定和研究者带来一定启示，国家该怎么通过补贴来引导企业进行创新，减少由于过度补贴问题而带来的低效率、高产能，以实现中国经济的整体转型和可持续发展。

二、跨国企业新产品创新现状分析

（一）中国对外投资企业总量现状

本章通过1998—2007年间跨国投资企业数据库，整理出这10年间中国对外投资企业总量和创新企业总量的分布情况（表5-1），另外通过对外投资企业总量与进行新产品创新企业总量的比可以得出中国进行新产品创新的跨国企业的一个占比情况。通过研究发现中国跨国创新企业所占百分比虽然平缓波动，但是整体上呈现增长趋势，创新企业占比从1998年的28.19%增长到2007年的35.29%，10年间整体上升了7.1个百分点，也就是说越来越多的企业开始把新产品创新作为企业对外投资的主要发展动力。

表5-1　中国 OFDI 企业总量与创新企业数量分布情况（1998—2007 年）

年	OFDI 企业总量	新产品创新企业数量	百分比（%）
1998	1115	321	28.79
1999	1224	368	30.06
2000	1440	434	29.61

年	OFDI 企业总量	新产品创新企业数量	百分比（%）
2001	1447	435	30.06
2002	1710	475	27.28
2003	2135	570	26.70
2004	3255	918	28.19
2005	3429	1018	29.69
2006	3729	1302	34.34
2007	4219	1489	35.29

　　根据跨国投资企业总量与新产品创新企业总量可以做出两者的趋势图（图 5-1）。从统计结论可以发现，1998—2007 年间中国对外投资企业数量从 1998 年的 1115 家增长到 2007 年的 4219 家，而其中进行新产品创新的企业从 321 家增长到 1489 家（表 5-1）。从趋势图中可以看出对外投资企业总量的增长速度要快于跨国创新企业，但是整体趋势相当，即 1998—2003 年间增长速度较为平稳，而 2003—2007 年间增长速度较快（图 5-1）。

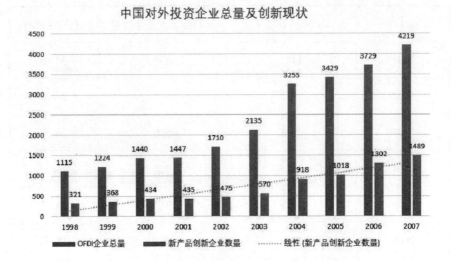

图 5-1　中国 OFDI 企业总量及创新企业总量现状（1998—2007）

（二）中国对外投资企业的创新规模

通过数据库整理出 10 年间企业新产品创新总量的变化趋势（图 5-
2）。统计发现 1998—2003 年间中国跨国企业的新产品创新规模呈现平
缓的增长速度，从 1998 年的大约 7 亿元规模上升至 2003 年的 52 亿元
规模；而 2003—2007 年间则呈现急剧上升的势头，从 2003 年的 52 亿
元规模上升至 2007 年的 388 亿元规模，平均每年增长近百亿元人民币。

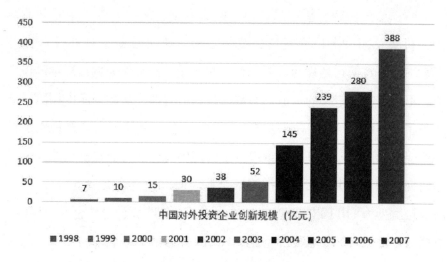

图 5-2　中国 OFDI 企业创新规模

第二节　政策补贴对新产品创新的间接效应——基于门槛回归的研究

一、数据来源及变量说明

本章的数据来源于中国企业 OFDI 数据库①。通过对中国 1998—2007 年的 OFDI 企业数据库指标进行匹配、合并、筛选，最终保留了 26040 家对外投资企业，其中选取的指标包括 OFDI 企业的基本特征变量，如企业代码、地区、年份、行业、工业总产出、固定资产投资、企

---

① 该数据是由中国社会科学院与全国工商联在 2008 年进行的问卷调查整理而成，包含了企业对外投资的方式、数量、股权比例、投资国家或地区等资料，具有权威性和真实性。

业补贴、总销售额、新产品产值、国家资本、从业人数、企业开业时间、利润总额、出口交货值、负债总额、研发总额、对外投资额等（表5-2）。数据在处理的过程中，一些变量的极端值如偏离样本的极大值、不符合变量定义的负值、小数、分数值等都将从数据库中剔除。此外为了使得研究结论可靠，本章以2005年作为基准年剔除物价水平对一些变量的影响。另外，本章进行了跨国国有企业与非国有企业的分样本研究，而分样本依据是根据跨国企业注册登记企业类型进行分类的，将登记类型为110国有企业、120集体企业、130股份合作企业、141国有联营企业、142集体联营企业、143国有与集体联营企业、151国有独资企业、160国有控股有限公司划归于跨国国有企业，其他类型企业则为非国有企业。

表5-2 主要变量说明

变量	变量名称	说明
Innovation	企业新产品创新指标	新产品产值与工业总产出之比
Subin	补贴强度	补贴与销售总额之比
Y1	劳动生产率	工业总产值与从业人数之比
K	资本密集度	固定投资总额与从业人数之比
Age	企业年龄	统计年与开业时间之差
Fs	利润率	利润总额与销售总额之比
Ex	出口密集度	出口交货值与销售总额之比
Fin	融资约束	负债总额与固定资产总额之比

变量	变量名称	说明
Rdin	研发强度	研发投入与销售总额之比

二、变量的统计性描述与相关性检验

根据本章实证研究所选取的变量，本章对主要变量进行统计性描述。统计结论发现 1998—2007 年间中国跨国企业的平均新产品创新水平（新产品产值/工业总产值）为 0.147，也就是说生产 100 件产品大约有 14 件为新产品；补贴强度的平均值大约为 0.004，即跨国企业平均得到了相当于其销售的 0.4%的政策补贴；另外跨国企业的平均研发强度为 0.011，相当于 1.1%的销售收入应用于研发；另外一些主要变量方面跨国企业的年平均劳动产出为 58.554 万元，年人均固定资产投入为 18.55 万元，企业年龄平均为 11.31 年，利润率平均约为 5.9%，融资约束为 4.091，即中国海外投资企业平均负债水平都是资产总额的 4 倍，中国企业海外投资是背着债务走出国门的，详见表 5-3 所示。

表 5-3 主要变量的统计性描述

变量	样本量	平均值	标准差	最小值	最大值
Innovation	26001	0.147	0.278	0.000	1.000
Subin	26000	0.004	0.038	1.8e−05	2.369
Yl	26014	585.542	1707.373	0.000	101178
K	26015	185.505	1329.668	0.000	69102

变量	样本量	平均值	标准差	最小值	最大值
Age	26032	11.310	13.296	0.000	58.000
Fs	26000	0.059	0.824	−75.786	30.600
Ex	26000	0.353	0.387	0.000	1.000
Fin	25975	4.091	42.688	0.000	5.784
Rdin	16780	0.011	0.135	0.000	15.237

表5-4所示为置信水平为99%的 Pearson 相关性检验的回归结论，从 Pearson 相关性检验可以看出，在显著水平为99%下各个变量间的相关系数均小于0.5，说明模型发生多重共线性的可能非常小。另外关于本章研究的影响重要变量研发强度和补贴强度均对企业新产品创新有显著的正向关系。

表5-4　主要变量的相关性检验

Var	Innovation	Subin	Yl	K	Age	Fs	Ex	Fin	Rdin
Innovation	1.000								
Subin	0.036***	1.000							
Yl	0.088***	−0.011	1.000						
K	0.002	−0.000	0.404***	1.000					
Age	0.075***	0.014	−0.021	0.000	1.000				

续表

Var	Innovation	Subin	Yl	K	Age	Fs	Ex	Fin	Rdin
Fs	0.019 * * *	-0.007	0.012	0.024 * * *	-0.000	1.000			
Ex	-0.104 * * *	-0.038 * * *	-0.094 * * *	-0.058 * * *	-0.143 * * *	-0.002	1.000		
Fin	0.001	-0.004	0.042 * * *	-0.007	-0.021	-0.007	-0.005	1.000	
Rdin	0.173 * * *	0.083 * * *	0.001	0.001	0.006	-0.581	-0.031 * * *	0.004	1.000

三、模型设定与研究方法

（一）模型设定

自布鲁斯·汉森（Bruce Hansen，1999）提出面板门槛回归模型（panel threshold model）以来，门槛回归已经在微观经济学和金融领域得到很好的推广和应用。该模型适用于两个变量抑或是多变量之间存在着跳跃性关系或是结构性断点的非线性时序关系。比如，一项经济政策的施行或是一场金融危机的爆发会在经济发展过程中产生"断点"，使得前后两段经济发展情况不一致，这便符合门槛回归中的单门槛效应特征。又比如，外商直接投资（FDI）的技术溢出效应是存在一定技术或吸收门槛的，当一国或是地区科技、经济水平达到一定门槛标准时，外商直接投资才会产生技术溢出效应。所以根据本章的研究思路、结合门槛回归（threshold regression）方法的特点，验证政策补贴与跨国企业新产品创新是否存在着非线性的门槛关系。

前面的研究发现政策补贴对于企业新产品创新是存在显著的线性影响的，本章将通过门槛回归方法探讨二者之间的非线性门槛关系。将存在政策补贴的跨国投资（OFDI）企业（占对外投资企业的 14.7%）作为研究对象，运用补贴与销售总额的比例来衡量补贴强度，将研发与销售总额的比例（研发强度）作为补贴与创新的中介变量或是门槛变量[①]。建立基于研发强度的政策补贴对 OFDI 企业新产品创新的"双门槛效应模型"：

$$Innovation_{it} = \theta_1 Subin_{it} I \ (radin_{it} \leq \eta_1) + \theta_2 Subin_{it} I \ (\eta_1 \leq rdin_{it} \leq \eta_2) +$$
$$\theta_3 Subin_{it} I \ (rdin_{it} > \eta_2) + a \sum X_{it} + \eta_i + \varepsilon_{it})$$

$$(5.1)$$

其中，I（·）为指标函数，在本章研究中是基于门槛变量——研发强度（$rdin_{it}$）的函数，η_1 和 η_2 为待估算的门槛值，而 θ 则是待估算的政策补贴对创新的影响系数，该系数值是基于门槛变量研发强度的函数；$Innovation_{it}$ 为新产品创新指数；$Subin_{it}$ 为补贴强度，研究中补贴强度是通过门槛变量研发强度对新产品创新进行影响的；$\sum X_{it}$ 为与创新相关的控制变量，相关控制变量的选择主要是根据张杰、芦哲等（2012）的研究为标准的，该研究认为影响企业创新的因素主要包括研发、劳动生产率、资本密集度、利润率、融资约束，其次本章加入了企业年龄、地区、年和行业作为企业特征的控制变量。

（二）回归结论

基于研发强度门槛变量的检验结果见表 5-5 所示，补贴强度对 OFDI 企业新产品创新存在着基于研发强度的双门槛效应，而且经过检验得到门槛值见表 5-6（95%置信区间）的临界值。

---

① 之所以选择研发强度作为门槛变量，主要是考虑政策补贴的创新效果可能是通过研发来体现的，因为企业会把补贴的一部分资金投入研发中，大量研究显示研发是企业持续创新的源泉和动力。

表 5-5　门槛检验（bootstrap = 300）

门槛	RSS	MSE	F 值	P 值	Crit10	Crit5	Crit1
单门槛	52.6586	0.1419	140.3518	0.0000	2.4570	4.0987	6.2358
双门槛	52.5858	0.1418	24.9256	0.0000	2.7210	3.7231	7.3012

注：（1）bootstrap 表示自抽样 300 次；（2）RSS 表示残差平方和；（3）MSE 表示标准误差；（4）Crit10、5、1 分别代表置信区间为 10%、5%、1%。

表 5-6　门槛估计（95%置信区间）

Model	门槛值	下限	上限
Th-1	0.0006	0.0001	0.0647
Th-21	0.0027	0.0001	0.0647
Th-22	0.0060	0.0058	0.0189

注：Th-1 表示单门槛模型下所得的门槛估计值，Th-21 表示双门槛模型下所得的第一个门槛估计值，Th-22 表示双门槛模型下所得的第二个门槛估计值。

（三）双门槛效应的参数估计

从表 5-7 中不难看出，补贴强度对 OFDI 企业新产品创新能力存在着基于研发强度的双门槛效应，也就是说补贴强度对企业产品创新存在显著的非线性关系。具体来说可以分为三个阶段：首先，研发强度介于（0，0.0027）之间时，补贴对 OFDI 企业新产品创新并没有显著影响；其次，当研发强度介于（0.0027，0.0060）之间时，对 OFDI 企业的产品创新有显著的正向影响，即补贴强度提高 1%，产品创新将提高

2.9%，所以将本章该区间定义为补贴的合意区间；最后，研发强度大于0.0060时，对产品创新没有显著影响。从回归结论可以知道，在有补贴的OFDI企业中，补贴对于缺乏研发和高研发的企业的新产品创新都是没有显著影响的，补贴研发强度介于合意区间的企业则会促进企业的创新能力。

对本部分所得到的实证研究结论有可能的解释是：第一，正如本章研究的内容，企业是否进行新产品创新存在着一定的门槛，而获得额外资金的支持或有可能使得一些企业跨越研发门槛进行新产品创新。第二，补贴亟须研发资金的企业，能够激发企业创新热情、将有竞争力的新产品推向市场。第三，补贴处于合意区间外的OFDI企业没有显著影响，一些学者的研究或可以给出原因：一方面，补贴给不缺乏研发资金的企业，会给其带来无须通过节约生产成本、提高经营效率的信号，从而大大降低了企业创新的积极性；另一方面，作为非生产性支出的寻租成本会增大，从而挤占研发支出和创新活动支出（毛其淋、许家云，2015）。

表5-7 补贴强度与OFDI企业新产品创新能力的双门槛效应

变量	系数	标准误差	T值
劳动生产率（Yl）	1.23e-04**	0.0000	2.5732
资本密集度（K）	−1.14e-04**	0.0001	−2.2652
企业年龄（Age）	0.0001	0.0009	0.0942
利润率（Fs）	0.1322	0.1102	1.1996
出口密集度（Ex）	0.0741	0.0480	1.5452

续表

变量	系数	标准误差	T 值
融资约束（Fin）	0.0033	0.0026	1.2540
Subin*I （rdin<0.0027）	−0.0298	0.2521	−0.1181
Subin*I （0.0027<rdin<0.006）	2.9919**	1.2499	2.3937
Subin*I （rdin>0.006）	0.216	0.1448	1.4913
年（Year）	否		
地区（Reg）	是		
行业（Ind）	是		
样本量（N）	15404		

注：（1）$*p<0.10$，$**p<0.05$，$***p<0.01$。

四、政策补贴对新产品创新的影响——基于所有制的研究

当前中国经济包括了多样性的所有制结构，主要分为国有企业与非国有企业两个大类，国有企业的构成包括国有企业（央企和国企）、集体企业、股份合作企业、国有联营企业、集体联营企业、国有与集体联营企业、国有独资企业、国有控股有限公司。非国有企业则包括民营企业、联营企业（没有国有资本）、外资企业（港澳台地区与外资企业）。由于国有企业与非国有企业在企业制度、文化和资源禀赋上存在较大差

异，所以本章基于国有与非国有分样本的研究，探讨不同所有制（企业性质）下政策补贴与企业新产品创新的关系。

表5-8为中国对外投资企业（OFDI）的对外投资情况，从表中的统计数据可以看出中国对外投资企业的总量是呈现逐年上升趋势的，从1998年的1115家上升至2007年的4604家。从企业性质分样本可以看出，非国有企业的对外投资增长最为迅速，10年间增长了近6倍。而国有企业的对外投资较为平缓没有过大起伏，甚至有的年份呈现下降趋势。从对外投资结构而言，国有企业的对外投资从1998年占比32.74%跌落到2007年的7.75%，非国有企业的占比则从1998年的67.26%上升至92.25%，可以看出非国有企业已经成为中国对外投资的主力军。

表5-8　国有企业与非国有企业对外直接投资的分布情况

年	国有 OFDI 企业（百分比%）	非国有 OFDI 企业（百分比%）	总量（家）
1998	365（32.74）	750（67.26）	1115
1999	380（31.05）	844（68.95）	1224
2000	368（25.56）	1072（74.44）	1440
2001	364（18.65）	1588（81.35）	1952
2002	340（15.34）	1877（84.66）	2217
2003	458（17.34）	2184（82.66）	2642
2004	275（9.75）	2545（90.25）	2820
2005	386（10.27）	3371（89.73）	3757

续表

年	国有 OFDI 企业（百分比%）	非国有 OFDI 企业（百分比%）	总量（家）
2006	473（11.08）	3796（88.92）	4269
2007	357（7.75）	4247（92.25）	4604

（一）回归结论

通过表 5-9 的门槛检验可以发现，政策补贴对国有与非国有跨国企业新产品创新存在基于研发强度的门槛效应。表中分别给出了残差平方和、标准差、F 检验值，同时包括置信区间 90%、95% 和 99% 的估计值。

表 5-9　门槛检验与企业性质（bootstrap=300）

门槛	RSS	MSE	F 值	P 值	Crit10	Crit5	Crit1
国有							
单门槛	6.6897	0.1506	102.5461	0.0000	2.5847	3.5987	6.8524
双门槛	6.4205	0.1478	12.3305	0.0000	2.6587	3.5876	7.2653
非国有							
单门槛	54.2241	0.1471	112.2765	0.0000	2.7652	3.9687	7.0254
双门槛	55.9594	0.1495	36.2031	0.0000	2.8632	3.3875	6.9874

注：（1）bootstrap 表示自抽样 300 次；（2）RSS 表示残差平方和；（3）MSE 表示标准误差；（4）Crit10、5、1 分别代表置信区间为 10%、5%、1%。

表 5-10 分别给出了单门槛与双门槛的门槛估计值 95%置信区间下其估计的临界值，值得注意的是门槛值是基于研发强度的值，并非政策补贴强度。

表 5-10 门槛估计与企业性质（95%置信区间）

Model	门槛值	下限	上限
国有			
Th-1	0.0294	0.0027	0.0645
Th-21	0.0025	0.0001	0.0027
Th-22	0.0043	0.0030	0.0645
非国有			
Th-1	0.0132	0.0002	0.0704
Th-21	0.0178	0.0058	0.0189
Th-22	0.0459	0.0455	0.0704

注：Th-1 表示单门槛模型下所得的门槛估计值，Th-21 表示双门槛模型下所得的第一个门槛估计值，Th-22 表示双门槛模型下所得的第二个门槛估计值。

（二）双门槛效应的参数估计与企业性质

从表 5-11 企业性质的分样本研究结论可以看出，无论是国有跨国企业还是非国有跨国企业的补贴强度对 OFDI 企业新产品创新能力存在着基于研发强度的双门槛效应，也就是说补贴强度对企业产品创新存在显著的非线性关系。

国有企业方面，政策补贴对跨国国有企业创新的影响可以分为三个阶段：第一，当研发强度介于（0，0.0025）之间时，政策补贴对 OFDI 企业新产品创新并没有显著影响；第二，当研发强度介于（0.0025，0.0043）之间时，政策补贴对 OFDI 企业的产品创新有显著的正向影响，即补贴强度提高 1%，产品创新将提高 6.79%，所以可以将该区间定义为跨国国有企业政策补贴的合意区间；第三，研发强度大于0.0043 时，政策补贴对新产品创新没有显著影响。其他变量方面劳动生产率、企业利润率对跨国国有企业创新有显著的正向影响，而当前资本密集度、企业年龄、出口、融资约束已经对企业创新没有显著影响。

非国有企业方面，政策补贴对跨国非国有企业创新的影响通过遵循双门槛机制，将补贴影响分为三个阶段：第一，当研发强度介于（0，0.0178）之间时，政策补贴对 OFDI 企业新产品创新并没有显著影响；第二，当研发强度介于（0.0178，0.0459）之间时，政策补贴对 OFDI 企业的新产品创新有显著的正向影响，即补贴强度提高 1%，产品创新将提高 2.36%，所以可以将该区间定义为跨国非国有企业政策补贴的合意区间；第三，研发强度大于 0.0459 时，政策补贴对新产品创新没有显著影响。其他变量方面劳动生产率、企业年龄、出口密集度对跨国非国有企业创新有显著的正向影响，企业利润率则对非国有跨国企业的创新有负向影响。对于非国有跨国企业利润的负向影响可以看出当前非国有企业正处于两难阶段，延续传统盈利的经营模式还是进行转型升级，因为和国有企业与国家政府关系密切相比，非国有企业在获得政府资源、资金和技术方面有明显劣势，转型升级失败风险大，所以不会轻易进行创新从而改变传统经营的盈利模式，其他包括资本密集度、融资约束对企业创新没有显著影响。

表5-11　补贴强度与 OFDI 企业新产品创新能力的双门槛效应与企业性质

变量	系数（T 值）	系数（T 值）
	国有	非国有
劳动生产率（Yl）	1.32e-04＊＊＊(2.91)	3.68e-04＊（1.78）
资本密集度（K）	-4.41e-05（-1.19）	2.59e-05（0.28）
企业年龄（Age）	-0.0008（-1.12）	0.0018＊＊＊（3.28）
利润率（Fs）	0.106＊（1.94）	-0.0229＊＊（-2.11）
出口密集度（Ex）	6.2e-04（0.72）	0.326＊（1.78）
融资约束（Fin）	8.5e-05（0.14）	8.5e-05（0.55）
Subin＊I（rdin<0.0025）	0.617（0.46）	
Subin＊I（0.0025<rdin<0.0043）	6.79＊＊＊（4.86）	
Subin＊I（rdin>0.0043）	0.13（0.47）	
Subin＊I（0.0178<rdin<0.0459）		2.366＊＊＊（6.38）
Subin＊I（rdin>0.0459）		0.086（1.025）

续表

变量	系数（T 值）	系数（T 值）
	国有	非国有
年（Year）	否	否
地区（Reg）	是	是
行业（Ind）	是	是
样本量（N）	1715	13689

注：（1）$^{*}p< 0.10$，$^{**}p< 0.05$，$^{***}p< 0.01$。

根据回归结论做出统计估计值在 95%置信区间的 LR 函数图像（图 5-3）。该图像是门槛变量的极大似然比序列的门槛函数的一个趋势图。图形中纵轴为 LR 统计量，表示极大似然比序列值，横轴表示门槛变量所对应的值。LR 统计量在 95%置信区间的估计值为 7.35，以 7.35 做出虚线，所连接趋势图的点即为门槛变量的门槛值。从图中可以看出在 95%置信区间内国有跨国企业的双门槛值分别为 0.0025 和 0.0043，由于两个值之间的跨度太小的缘故在图中几乎重叠在一起；而对于非国有跨国企业而言，其双门槛值分别为 0.0178 和 0.0459。

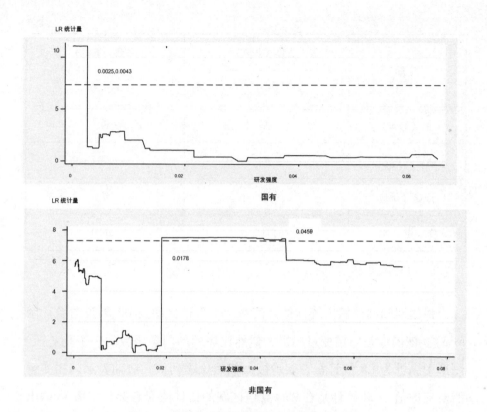

图 5-3 国有与非国有跨国企业门槛回归趋势

（三）不同所有制下政策补贴对跨国企业创新影响的差异

虽然政策补贴在国有与非国有跨国企业创新方面的影响都存在相同的双门槛机制，但还是存在以下一些差异

第一，研发强度的门槛的量级存在差异。政策补贴在对国有企业研发强度的量级为 10^{-3} 时就会对企业创新开始产生促进作用，而非国有企业方面需要研发强度达到 10^{-2} 量级才会产生促进作用。这个方面可以从跨国国有企业拥有较为完备的设备仪器、技术人员或是科研机构储备进行解释，即比非国有企业的创新投入基础好。

第二，政策补贴在研发合意区间内对创新的影响方面国有企业的效果高于非国有企业。从实证研究结论可以看出政策补贴对国有企业新产品创新的提升效率为 6.79%，而对非国有企业创新的提升效率为 2.36%。

第三，政策补贴的研发强度合意区间的范围存在较大差异。从门槛回归趋势图（图 5-3）中可以看出，国有企业的政策补贴合意区间非常短，仅仅为 0.0018（国有企业第一个门槛值 0.0025 与第二门槛值 0.0043 之差），而非国有企业的政策补贴合意区间为 0.0281（非国有企业第一个门槛值 0.0178 与第二门槛值 0.0459 之差）。政策补贴合意区间长有利于政府对企业进行灵活补贴，补贴不仅范围大而且能保证补贴效果；合意区间小则限制政策补贴的效果，如果盲目进行补贴则很容易跨出合意区间，导致对新产品创新的无效补贴。

小结

本章通过整理 1998—2007 年间的对外投资企业数据分析了直接政策补贴的量对企业新产品创新的影响，具体的研究内容和解决问题如下：

首先，验证了补贴对跨国企业新产品创新影响的双门槛机制，即补贴是以研发投入为中介门槛而对企业创新产生影响的。

其次，考虑政策补贴的所有制偏好，分国有企业样本和非国有企业样本研究补贴对创新影响的门槛影响。

最后，根据研究结论，提出基于门槛机制的补贴资金分配方案，为更有效地促进跨国企业创新提供有益的经验分析。

第六章

跨国企业补贴量的研究——基于不同创新分位水平的研究

第一节　研究背景

一、现实和理论背景

国际货币基金组织（IMF）调查显示，2016年上半年全球经济增长率又处于近几十年来的低位，仅为3.1%。在此形势下，于2016年9月的 G20 峰会上作为轮值主席国的中国提出"以创新驱动增长"和"反对贸易保护主义"两项重要议题，并得到绝大多数成员国的支持。创新已经成为改变经济增长方式、促进经济增长的必要条件之一（布鲁，1997；王小鲁等，2009；唐未兵等，2014）。全球化的今天，闭门造车的传统粗放生产方式对世界经济增长的贡献已经难以为继。大量研究显示，国际贸易中的跨国投资方式为企业新产品打开国际市场、促进新产品创新、驱动企业可持续发展提供了新的契机（高家尔，2013；怀特，2014），已经成为经济增长的主要驱动力之一，是改变经济增长方式的重要途径。近年来，由于"一带一路"倡议等对外政治和经济战略的逐步推进，中国的跨国企业的对外直接投资不断加大，将中国制造和中国创新带向世界。据 2014 年中华人民共和国商务部的对外投资数据显示，中国对外投资存量占全球比重的 3.4%，低于对外投资经验丰富的欧美、日韩等发达经济体。而从投资流量分析，中国目前已经成为世界第三大对外投资国。通过政策补贴的方式促进跨国企业的创新是宏观产业政策的主要方式之一，它不仅能够引导、促进跨国企业的创新，而且对中国企业的转型升级有着重要意义。但是，近年来由于补贴给跨国企业带来的负面作用层出不穷，甚至有的企业爆出骗补、以补贴作为企业生产经营标准的丑闻。另外，国外对中国跨国企业的巨额补贴产生抵触情绪，认为中国企业并没有实力和技术兼并东道国本土企业，中国企业靠的仅仅是从政府得到的财政资金。因此，本章以参与国际贸易的中国跨国企业为研究对象，通过分位数方法，基于企业所处的不同创新阶段，对政策补贴与新产品创新的关系进行深入探讨，扩展当前关于贸易中的创新研究，为中国产业政策的实施情况提供有益参考。

自改革开放以来，由于科技发展水平与西方发达国家有较大差距，国家和政府开始通过补贴政策鼓励和促进相关产业的创新，其主要手段包括税收优惠、投资抵免、R&D 补贴等间接性的措施。这些补贴政策的实施让当时资金缺乏和技术落后的新兴企业大大受益，使得大量知识密集型企业集群，大大活跃了市场的创新氛围，从而促进了相关和一些传统产业的飞速发展。补贴促进企业创新的原因主要有以下几个方面：首先，创新是驱动社会技术水平提升、管理模式革新的主要驱动力，政府往往通过教育、科研等投入促进社会创新，微观企业方面由于创新成本高、风险大、收效期长，致使企业往往难以承担这些不确定性风险，因而政策补贴恰恰起到了降低企业创新风险、引导企业积极进行研究开发的中介作用，这也是欧美国家倡导研发补贴的主要原因；其次，创新在一定程度上具备了公共品的属性，这同企业利润最大化的目标是背道而驰的，所以企业并不会将创新作为企业发展的首要目标，但是政府通过补贴形式承担一部分创新责任会大大增加企业创新的积极性，将创新作为企业长远发展的核心竞争力；再次，科学技术高速发展的今天，创新的复杂性和不确定性大大提高了创新失败的概率，政策补贴的进入使企业增强了创新失败的承受能力，激励其进行新产品创新；最后，政策补贴让一些资金不足、研发能力薄弱的中小企业有了与大企业竞争的机会，使得他们会更注重自身的创新以求缩小和大企业的直接的差距。

近年来基于中国上市公司的研究显示，2014 年全国 2000 多家上市公司的补贴总额高达 300 亿元，但是这些补贴大部分流入产能过剩的行业。大约有 20% 的国有企业依靠着补贴收入实现了扭亏为盈。所以过剩的或是不良的政策补贴不仅不利于企业创新行为，而且会让企业产生依赖感，将其作为盈利的手段。另外，高额补贴流入产能过剩部门会产生扭曲的、低技术的市场繁荣，造成新一轮的产能过剩。一些学者的研究认为，政策补贴在一定程度上对研发支出存在"挤出效应"，即随着政策补贴的上升，企业用于研发的资金反而会下降，从而影响企业的创新活动。那么政策补贴是否越多越好？毛其淋、许家云（2015）的研究发现，政府补贴存在一个补贴强度的"适度区间"，当补贴强度位于该区间时，政府补贴将会对创新有显著提升作用；而当补贴强度处于该区间外，补贴对创新存在不显著效果或负向影响。

二、中国的跨国投资现状

（一）跨国投资的母国状况分析

通过整合城市数据集，以 2010 年为例，将参与跨国投资的企业城市与所在省区市数据加总得到各省市的跨国投资总额。为了直观地表述

2010 年各省区市的跨国投资状况，本章通过图 6-1 展现了跨国投资的母国现状。统计显示，中国的对外投资主要集中于沿海发达省份，其中广东省以 190 亿美元居首。

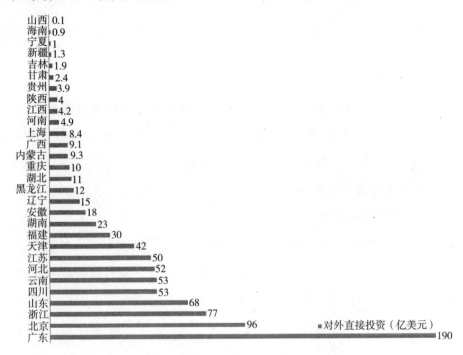

图 6-1 中国各省区市对外投资总量（2010 年）

数据来源：2010 年跨国投资企业整理而得。

（二）跨国投资的东道国状况分析

通过整理合并 2010 年投资东道国的企业数据发现，2010 年中国跨国企业向世界 113 个国家和地区进行了对外投资，遍布于世界 5 大洲，其资本主要集中于中国周边地区、西欧、美国、澳大利亚和非洲东海岸沿线。其中，当年最大投资量为 3900066 万美元（泰国，Thailand），最小为 0.4485 万美元（克罗地亚，Croatia）。

第二节　实证研究

一、数据来源

为了研究中国区域文化与中国跨国企业创新，本章整合了 1998—2007 年包括《境外投资企业（机构）名录》《中国工业企业数据库》的数据。本次数据整理在保证最大可能数据完整性的前提下，提取了所有可能用于研究的对象和变量。

（一）数据库说明

《境外投资企业（机构）名录》数据库是由中国商务部对外经济合作司公布的，该数据库统计了 1998—2007 年间中国对外投资企业对外投资（OFDI）的一些基本情况，其中包括了东道国、境内投资主体名称、境外投资企业名称、境内企业所属省区市、境外企业经营范围等指标。

《中国工业企业数据库》是中国国家统计局对各省、自治区、直辖市统计局和国务院各个有关部门的综合要求，各地区和各部门按照全国统一规定的统计范围、计算方法、统计口径和填报目录，根据国家统计局拟定的工业企业报表制度的内容，组织实施，按时报送。该数据库的统计范围是 1995—2013 年中国大陆地区销售额 500 万元人民币以上的大中型制造企业的主要企业性质（特征）指标、经济指标和财务指标等。

（二）不同数据库的匹配问题

（1）《境外投资企业（机构）名录》和《中国工业企业数据库》

的匹配是通过将企业名称、法人代码相匹配,整理出微观企业的 33 个变量,最终共匹配得到 2000—2010 年 OFDI 企业数据共计 36303 条。

(2)结合第一步整理的数据,通过企业投资年份、投资东道国两个指标将企业数据同《世界银行数据库》相匹配,整理出东道国变量(东道国人均 GDP 水平和高科技出口)。

(3)关于企业性质的问题

本章对中国跨国企业性质的划分有如下依据:第一,以《中国工业企业数据库》中的"登记注册类型与代码"为划分依据;第二,将代码为 110(国有企业)、120(集体企业)、141(国有联营企业)、142(集体联营企业)、143(国有与集体联营企业)、151(国有独资公司)均列为跨国国有企业;第三,将代码为 170(私营企业)、171(私营独资企业)、172(私营合伙企业)、173(私营有限责任公司)、174(私营股份有限公司)划分为跨国民营企业;第四,将 210(合资经营企业港或澳、台资)、220(合作经营企业港或澳、台资)、230(港、澳、台商独资经营企业)、240(港、澳、台商投资股份有限公司)、310(中外合资经营企业)、320(中外合作经营企业)、330(外资企业)、340(外商投资股份有限责任公司)划归为跨国外资企业。

二、回归模型

当前实证研究大多是在均值回归(OLS)的方法上建立起来的,但是在很多现实问题中,被解释变量总是不符合均值回归的假设——正态分布的,考德尔·罗杰(Konenker Roger)和巴斯特·吉尔伯特(Bassett Gilbert)(1978)提出分位数估计法,该方法是在被解释变量的不同分位数下,解释变量对被解释变量进行回归,这样就可以得到解释变量对整体条件分布的影响,所以能够更加全面地描述解释变量对被解释变量变化范围及条件分布形态的影响，属于最优线性无偏估计（best linear unbiased estimator，BLUE）。结合分位数回归，以跨国企业为研究样本，本章在卢卡斯（Lucas）提出的内生性经济增长模型的基础上，将补贴作为一项要素投入引入模型，研究技术投入（研发投入）、劳动投入、资本投入和补贴投入对创新产出的影响。

$$Q(\ln(Inn_i) \mid X_i) = \beta_0 + \beta_1\ln(Sub_i) + \beta_2\ln(RD_i) + \beta_3\ln(L_i)$$

$$+ \beta_4\ln(K_i) + \sum X_i + \varepsilon_i \qquad (6.1)$$

其中，$\ln(Inn_i)$ 表示跨国企业新产品产出的对数；$\ln(Sub_i)$ 表示企业补贴的总额的对数；$\ln(RD_i)$ 表示企业研发投入的对数；$\ln(L_i)$ 表示企业劳动投入的对数，劳动投入指的是全年平均从业人员，由于该模型为双对数模型，因此主要投入要素的回归系数就直接表示为弹性，即 β_1，β_2，β_3，β_4 分别表示补贴的创新产出弹性、研发的创新产出弹性、劳动的创新产出弹性和资本的创新产出弹性；$\ln(K_i)$ 则表示企业固定资产投资的对数。$\sum X_i$ 表示影响创新的其他一些控制变量，主要包括企业年龄、企业规模、企业性质、资本结构、出口、行业、地区等变量。

三、变量的统计性描述和模型的多重共线性检验

（一）变量的统计性描述

1998—2007 年间中国跨国企业的新产品创新水平最大的企业是中芯国际集成电路制造有限责任公司的 17.858（表 6-1），即其新产品产量约为 5.771e+07 元；补贴方面，获得最多补贴的企业大多为国有企业；研发方面，研发支出最多的为华为国际有限公司，其研发支出为 2007 年的 7142497 元；劳动投入方面，2006 年大同煤矿集团以 156965 个劳动投入居首；固定资产投入方面，宝山钢铁股份有限公司 2003 年

投入最大为 10 亿元；企业年龄方面，泸州老窖、开滦煤矿、萍乡矿业、美晨集团股份有限公司等以 58 年并居榜首；企业规模方面，宝山钢铁股份有限公司 2007 年的资产总额高达 154 亿元，成为中国对外投资规模最大的企业；负债方面，2007 年宝山钢铁股份有限公司成为中国最大的负债跨国企业，负债总额 67.9 亿元；对外出口方面，华为技术有限公司 2007 年成为中国最大的出口跨国企业，其出口总额高达 57.69 亿元人民币。企业性质方面，本章将按照跨国企业注册登记类型分为国有企业（0）、民营企业（1）和外资企业（2），其平均值为 1.242（表6-1），表示中国对外投资企业主要是以民营企业为主。

表 6-1　变量的统计性描述

变量	样本量	平均值	标准差	最小值	最大值
Ln（Inn）	8388	12.055	2.636	1.098	17.858
Ln（Sub）	9985	6.768	2.642	0.000	13.710
Ln（R&D）	7098	7.995	2.856	0.000	15.781
Ln（L）	26015	6.277	1.662	0.000	11.963
Ln（K）	25975	10.563	2.320	1.098	18.420
Age	26032	11.310	13.296	0.000	58.000
Size	26004	11.966	2.210	6.214	20.150
Debt	26004	0.572	0.212	0.000	2.871
Export	26040	385227	2253590	0.000	5.771e+07

续表

变量	样本量	平均值	标准差	最小值	最大值
SOE	26040	1.242	0.498	0.000	3.000

（二）模型的多重共线性检验

为了避免模型各个变量的多重共线性问题，本章通过方差膨胀因子（variance inflation factor，VIF）方法对模型的多重共线性进行检验。检验结论见表6-2所示。通过 VIF 值来判断解释变量之间的多重共线性的一般准则是，如果 VIF>10，那么解释变量之间存在较高的多重共线性。

根据 VIF 的多重共线性判断准则，发现本章原来使用企业资产总值的对数作为企业规模 Size 的代理变量会与文中的主要解释变量资本投入的对数 Ln（K）产生多重共线性问题。因此，通过选取企业销售总额代替资产总额的对数作为企业规模 Size 的代理变量，修正后发现 VIF 缩小为 7.35 和 6.09，而其值均小于 10，且没有其他解释变量产生多重共线性，消除了模型的多重共线性问题。

表6-2 模型的多重共线性检验

变量	修正前		修正后	
	VIF	1/VIF	VIF	1/VIF
Size	16.20 *	0.0617	7.35	0.1359
Ln（K）	11.42 *	0.0875	6.09	0.1642

续表

变量	修正前		修正后	
	VIF	1/VIF	VIF	1/VIF
Ln（L）	6.85	0.1458	6.30	0.1586
Debt	3.40	0.2945	8.29	0.1205
Ln（R&D）	2.85	0.3504	2.45	0.4087
Export	2.73	0.3661	2.75	0.3639
Ln（Sub）	2.29	0.4363	2.19	0.4565
Age	1.34	0.7440	1.34	0.7457
Mean VIF	5.89		4.60	

四、不同创新阶段下政策补贴与企业创新

（一）主要变量的回归结论

通过跨国企业数据的分位数回归，本章可以得到以下回归结论，见表6-3。回归结论可以看出，在1998—2007年间补贴对创新的作用是呈现下降趋势的。具体而言，从处于低创新水平的分位点0.1的补贴创新弹性0.1375，下降到高创新水平的分位点0.8的补贴弹性0.039，总体作用下降了71.6%，直到最高创新水平0.9不显著。关于补贴创新弹性的趋势见图6-3。

表6-3　政策补贴与跨国企业创新——基于分位数回归

创新 Ln (inn)	OLS	分位数回归								
		0.1	0.2	0.3	0.4	0.5	0.6	0.7	0.8	0.9
Ln (sub)	0.0699***	0.1375**	0.0905***	0.0502***	0.0438***	0.0353***	0.0438***	0.0464***	0.0390***	0.0026
Ln (rd)	0.2599***	0.4207***	0.3752***	0.3504	0.2833***	0.2481***	0.2103***	0.1760***	0.1392***	0.1154***
Ln (L)	0.0421	0.1074	-0.1608**	-0.0223	-0.0070	-0.0443	-0.1043***	-0.0617**	-0.0158	0.0719**
Ln (k)	0.0318	0.0014	0.1131	0.1752***	0.0479	0.0189	0.0557*	0.0872***	0.0855***	0.0835***
企业年龄	-0.010***	-0.010***	-0.010***	-0.010***	-0.010***	-0.007***	-0.005***	-0.005***	-0.007***	-0.006***
企业规模	0.65***	0.47***	0.69***	0.53***	0.67***	0.74***	0.75***	0.71***	0.70***	0.69***
资本结构	-6.8e-09	5.2e-08*	1.9e-07*	3.3e-08***	2.1e-08**	8.6e-09	3.7e-09	1.7e-09	8.7e-09	-8.7e-09
出口	1.5e-08	-4.8e-08	-7.2e-08**	-6.4e-08	-4.9e-08***	-2.8e-08**	-1.8e-08	-2.4e-08*	-4.3e-08***	5.4e-09
企业性质	否	否	是	是	是	是	是	是	是	是
行业	是	否	是	否	否	是	是	是	否	是
地区	是	是	否	否	否	是	是	是	是	否
R2	0.459	0.418	0.486	0.530	0.563	0.594	0.617	0.634	0.644	0.628

　　本章通过运用平滑算法（Smoothing Method）在创新产出对数的分位点（1%—99%）做分位数回归，得到关于主要要素弹性与分位点之间的结论，见图6-2。图中可以看出补贴的创新弹性 β1 随着创新水平的提升而呈现下降趋势；研发方面，从 β2 的趋势可以看出当创新水平很低的时候，研发对新产品创新的激励是最高的，但是随着创新水平的升高，研发所发挥的作用越来越小；劳动投入方面，从图中 β3 可以看出，当前中国跨国企业的劳动投入在创新水平处于0.2左右的时候是过剩的，即在该阶段投入劳动会阻碍企业的新产品创新，劳动产出弹性——创新曲线整体上呈现"W"型趋势；资本投入方面，相对于其他要素而言资本投入对创新的影响比较复杂，但是有其独特趋势：在创新水平处于（0，0.5）区间的时候，资本弹性随着创新水平的提升跳跃幅度呈现离散趋势，而当创新水平处于（0.5，0.9）时，资本的创新

弹性逐渐收敛，大致在 0.05 上下波动。

总体而言，补贴和研发对创新的作用并非越多越好，伴随创新水平的提升逐渐下降的，劳动与资本对创新的影响则呈现波动趋势，即在不同的创新阶段其波动趋势不一样。

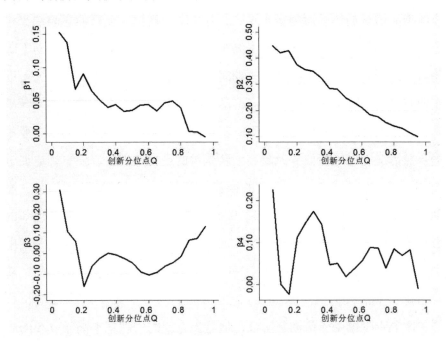

图 6-2　主要要素弹性在不同创新分位水平下的趋势图

其他相关控制变量对创新产出的影响见图 6-3 所示，从图中可以看出，当前跨国企业的年龄对创新产出的影响呈现负向趋势，也就是说企业的年龄越大，企业越是趋近于保守，不愿意生产新产品，对趋势而言，伴随着创新水平的提升年龄对创新的影响虽然还是负向的，虽然还有小幅波动（0，0.25），但就整体而言，其影响是越来越小的，也就是说当创新水平高到一定阶段，也许企业年龄的增加会对创新产生正向的作用。企业规模方面，跨国企业的企业规模是有助于企业新产品创新的，只有企业达到一定的规模，才会有稳定的生产、研发环境，才会利于企业生产更多的新产品。从阶段考虑，当企业处于创新水平低的时期，企业规模的提升会更有利于企业创新，从图6-3中可以看出创新水平处于（0，0.2）阶段时，企业的规模对创新水平的影响几乎呈现直线型的增长趋势，而创新水平到达0.2时，规模对创新的影响趋于稳定。资本结构方面，企业的资本结构对创新的影响整体上呈现正向下降趋势，跨国企业创新水平处于初期时，外部的企业融资能够很好地帮助企业有更多的资金投入研发和新产品创新，但是随着企业债务的不断攀升，外债的创新效率会不断下降，其经营风险会大幅上升，所以企业根据自身情况制定均衡债务风险和创新受益的良好机制，以便更好地促进企业创新。在出口方面，出口的创新效率呈现的是"W"型趋势，当创新水平处于初期的时候（0.1，0.4），中国的跨国企业出口对创新的影响多处于负向趋势，即出口的增加阻碍企业新产品创新，这段时期中国的跨国企业自主研发能力弱，只能代工生产国外自有品牌的产品。随着创新水平的提升（0.4，0.8），出口的创新效率则呈现小幅增长趋势，这个阶段也是模仿创新阶段，但是当企业的创新水平高于0.8的时候，企业出口的都是自身自有品牌，出口的创新效率则会呈现直线型增长趋势。

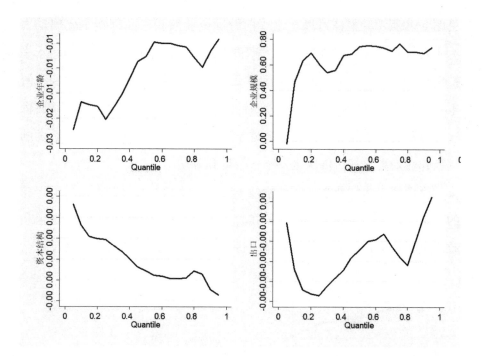

图 6-3　企业年龄、企业规模、资本结构、出口要素弹性在不同创新分位水平下的趋势图

　　关于政策补贴的创新弹性和研发投入创新弹性的变化趋势可以从西方经济学中的要素的边际产出递减效应进行阐释，即随着补贴或是研发投入的增加企业的新产品创新存在着规模递减效应。而劳动的创新产出弹性的变化趋势可以理解为，随着中国教育质量的提升，劳动者素质逐渐提升，劳动的创新产出会逐渐增加，从而劳动创新弹性增加。另外，由于劳动要素的投入也遵循产出边际递减效应，因而在两种效应的影响下，劳动的创新弹性呈现"W"型趋势。

　　（二）四个主要投入要素创新弹性的比较研究

　　总结表 6-3 的回归结论，可以对中国跨国企业的主要投入要素（补贴、研发、劳动、资本）的创新弹性进行对比研究，其对比的结论见图6-4所示，整体可以看出当前跨国企业的新产品创新主要驱动力为研发投入，其后依次为资本、补贴和劳动；当跨国企业处于创新水平初期0.1的时候，研发的创新弹性最高，其后依次是补贴、劳动和资本；当企业处于创新水平中期0.5的时候，研发创新弹性最高，其后依次是补贴、资本和劳动；当企业处于创新水平高端0.9的时候，研发的创新弹性最高，其后依次是资本、劳动和补贴。

简而言之，创新水平所处阶段不同，各要素所发挥的作用是不一样的。跨国企业要根据自身创新所在阶段来对要素进行合理分配，国家和政府也要依据企业创新阶段对企业进行合理补贴，不然会适得其反。

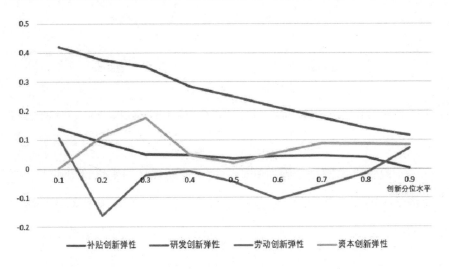

图6-4　各要素弹性在不同创新分位水平下的趋势

五、创新阶段与政策补贴——基于不同投资模式的研究

富兰克林·鲁特（Franklin Root，1983）对投资模式的定义为："一种组织和执行商务活动的制度安排，并使得企业将产品、技术、人力、管理经验和其他资源转移到其他国家的方式。"从学术界视角及国

际通用定义来看，对外直接投资（OFDI）是指外国投资者对东道国进行的各类直接投资（与出口等间接投资相对应），主要的投资方式包括绿地投资和兼并两种。其中绿地投资又称新建或是创建投资，是指母国企业在东道国境内直接投资建设新分部、新工厂的 OFDI 投资方式；兼并又称跨国并购，是指母国公司直接将东道国企业部分股权直至整个资产购买下来。企业进行跨国投资过程中，投资模式的选择对于企业重组、转型升级有着特别的意义。所以本章将基于不同投资模式，讨论不同投资模式下，创新阶段对政策补贴创新弹性的影响。

表 6-4 表示中国 2000—2007 年间两类投资模式企业的对外投资情况，统计发现整体上无论是跨国并购 OFDI 企业还是绿地投资 OFDI 企业都呈现了逐年增长的态势。从投资结构分析，绿地投资 OFDI 企业在比例上大于跨国投资 OFDI 企业，说明中国的对外投资最主要的形式是绿地模式，但是中国跨国并购企业的数量也在迅速攀升，并在所占比例上逐年上升，逐步缩小了与绿地投资的差距。

表 6-4　不同投资模式企业对外直接投资的分布情况

年	跨国并购 OFDI 企业（百分比）	绿地投资 OFDI 企业（百分比）	总量（家）
2000	470（45.63）	560（54.37）	1030
2001	652（45.06）	795（54.94）	1447
2002	760（44.44）	950（55.56）	1710
2003	968（45.34）	1167（54.66）	2135
2004	1487（45.68）	1768（54.32）	3255

续表

年	跨国并购 OFDI 企业（百分比）	绿地投资 OFDI 企业（百分比）	总量（家）
2005	1603（46.75）	1826（53.25）	3429
2006	1791（47.23）	2001（52.77）	3792
2007	2010（47.64）	2209（52.36）	4291

从表 6-5 的回归结论可以看出，不同投资模式下创新阶段对各要素的创新弹性是不一样的。补贴弹性方面，当跨国兼并企业创新阶段处于初期时，补贴对创新的影响是不显著的，而当创新阶段处于成熟期，政策补贴对创新的影响才会产生显著的提升作用。跨国企业的创新阶段早晚意味着对被兼并企业的技术、资源吸收能力的强弱。第一，资源相似性企业的并购。里塔·卡提拉（Riitta Katila）[1] 等（2001）对高科技产业的并购研究发现，并购企业与目标企业之间的资源相似性是并购后创新的重要预警。因为资源相似性能促进对现有知识的相互理解和分享，但是过多的资源相似性会减少并购企业学习的机会和后续的研发努力、投入等，所以资源相似性的并购的创新表现要视情况而定。第二，资源互补性的并购。当并购企业与目标并购企业在资源上形成互补关系时，往往并购后的创新表现都异常突出（陈菲琼等，2015）[2]。因为资源互补不仅可以带来生产的协同，还能从互补的、相互支持的资源中创造新价值，学术界称为"增长协同性"。第三，资源

---

[1] Ahuja G, Katila R. Technological Acquisition and the Innovation Performance of Acquiring Firms: A Longitudinal Study [J]. Strategic Management Journal, 2001（22）：197 – 220.

[2] 陈菲琼，陈珧，李飞. 技术获取型海外并购中的资源相似性、互补性与创新表现：整合程度及目标方自主性的中介作用 [J]. 国际贸易问题，2015（7）.

相似性和互补性的交互作用会对并购后的企业的创新活动产生积极影响。一些学者认为并购后的企业由于相似性与互补性相伴，在得到资源重新组合和相互学习的同时，通过资源互补支持提高创新效率（保罗，1994；陈菲琼等，2015)①。

表6-5　创新阶段与政策补贴——基于不同投资模式的研究

创新 Ln（Inn）	OLS	分位数回归								
		0.1	0.2	0.3	0.4	0.5	0.6	0.7	0.8	0.9
跨国兼并										
Ln（Sub）	0.0062	-0.0554	-0.0422	0.0149	0.0266	0.0167	0.0538*	0.0526***	0.0363	0.0679***
Ln（Rd）	0.2272***	0.1814*	0.2608***	0.2672***	0.2267***	0.1116***	0.0946***	0.1147***	0.1407***	0.2358***
Ln（L）	-0.2942***	-0.3378	-0.6737***	-0.5412***	-0.4044***	-0.4121***	-0.2647***	-0.1968***	-0.0595	-0.1684
Ln（K）	-0.475***	-0.7694**	-0.3993*	-0.5224***	-0.4403***	-0.5006***	-0.3783***	-0.2351***	-0.2497***	-0.3452***
绿地投资										
Ln（Sub）	0.0892***	0.2149***	0.1446***	0.0691***	0.0505***	0.0427***	0.0439***	0.0611***	0.0148	-0.0079
Ln（Rd）	0.2515***	0.3838***	0.3551***	0.3534***	0.2934***	0.2629***	0.2223***	0.1852***	0.1386***	0.0942***
Ln（L）	0.1466***	0.1335	-0.0471	0.1158*	0.0001	0.02	0.0006	-0.0256	0.0387	0.0702**
Ln（K）	0.1414***	0.2523	0.2315***	0.2051***	0.1286***	0.0487	0.1099***	0.095***	0.0946***	0.0826***

根据表6-5的回归结论，本章将两种投资模式的政策补贴创新弹性的结论进行对比，做出如图6-5，可以看出跨国兼并企业的政策补贴创新弹性是伴随着企业创新阶段的上升而不断上升的，绿地投资企业则相反，随着企业创新阶段的上升政策补贴对绿地企业的创新影响逐渐在缩小。当创新阶段处于（0.1，0.5）时，绿地投资企业的补贴弹性高于跨国兼并企业，且跨国兼并企业的创新阶段低于0.2时，政策补贴对企业创新起到了负向的阻碍作用，而绿地企业的补贴创新弹性高于平均补贴创新弹性（该值是通过整体样本的OLS回归获得）；当创新阶段处

① Pablo A. Determinants of Acquisition Integration Level：A Decision－making Perspective [J]. Academy of Management Journal，1994（37）：803-830.

于（0.5，0.7）时，两类企业的补贴创新弹性相当；而当跨国企业创新阶段高于 0.7 时，跨国兼并企业的政策补贴对创新的影响高于绿地投资企业。

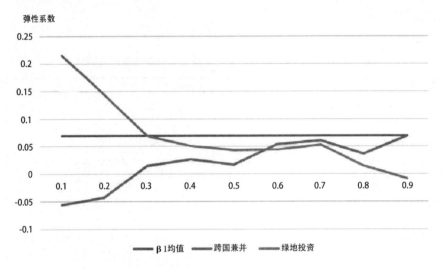

图 6-5　不同投资模式的补贴创新弹性 β1

小结

本章从动态实证分析的角度，运用对外投资企业数据分析了直接政策补贴的量对企业新产品创新的影响，具体的研究内容和解决问题如下：

首先，运用分位数的思想研究了不同创新水平（阶段）下各要素投入对跨国企业创新的影响。

其次，将直接政策补贴作为创新产出的重要投入要素，探讨直接补贴在不同分位水平下对企业创新的影响。

再次，通过考虑跨国投资企业投资模式的选择问题，探讨在绿地投资和跨国并购模式下直接政策补贴对企业创新的影响情况。

最后，根据研究结论提出相关政策建议。

第七章

中国对外投资企业海外战略——基于投资动机异质性视角

经验不足和对东道国了解不充分是中国企业进行海外投资的两大制约因素，本章通过整理《境外投资企业（机构）名录》数据库结合投资东道国特征对中国 2000—2010 年间的对外投资情况进行整体概括和评估。基于技术、资源、市场和免税视角的投资动机发现：首先，东道国特征不同会影响投资决策；其次，整体而言基于市场动机的 OFDI 企业是 10 年间最成功的一类企业；最后，各种投资动机之间是相互关联的。分析和总结投资经验教训不仅可以有效利用国家和企业的自有资本，而且可以成功获取国内所需资源，对中国产业结构转型、价值链攀升具有重大意义。

第一节 研究背景

据联合国国际贸易中心（ITC）[①] 数据显示，由于受到全球新冠肺炎疫情和需求放缓的影响，2020 年全球主要经济体进出口贸易增长下

[①] 联合国国际贸易中心（ITC）是联合国和世贸组织（WTO）联合设立的执行机构，成立于 20 世纪 60 年代，旨在帮助发展中国家和转型经济体发展国内和国际贸易，以促进全球经济的可持续发展。

行、大宗商品价格下跌。与此同时，全球金融危机以后作为改革开放以来经济快速发展重要引擎的中国对外出口增长陷入瓶颈，外汇储备跃居世界第一，人民币面临升值的巨大压力。面对当前对外贸易困境，调整国际贸易策略由"商品输出大国"向"资本输出大国"转变是缓解人民币升值压力、促进中国产业结构调整和经济可以持续发展的有效途径之一。从 2000 年"走出去"战略①提出开始，中国企业的海外投资之路已经走过 20 个春秋，中国的对外投资企业已经成为国际贸易舞台上不可忽视的重要角色。然而与拥有西方上百年国际贸易经验的巨轮相比，中国企业的对外投资仅仅是处于试水阶段，本章运用 2000—2010 年间中国企业的对外投资数据，分析中国对外投资头 10 年的投资情况，评估中国企业的对外投资成效，总结初期国际投资经验，为中国企业深化改革、有效利用和盘活自有资本、提升国际竞争力提供历史依据和参考。

---

① "走出去"战略思想形成于 20 世纪 90 年代，于 2002 年党的十六大确定为一项长期国策。旨在鼓励和帮助中国企业向外进行投资，以提高国家在全球经济中的地位，在国际资源分配中争取更有利的形势和改善中国同相关国家和地区的关系。

第二节 数据来源与变量说明

表 7-1 主要变量和说明

变量	变量名称	说明	数据来源
对外投资（OFDI）	对外投资决策状态变量（0，1）	以 2000—2010 年间企业第一次对外直接投资年份作为分界点，小于等于该分界点定义为对外投资前，记为 0；否则为 1①	OFDI 调查数据
新产品创新（INN）	创新指标	新产品产值与总产值比	OFDI 调查数据
总产值（Y）	工业总产值	工业总产值	OFDI 调查数据
利润（P）	总利润	总利润	OFDI 调查数据
税收（TAX）	税收	税收总额	OFDI 调查数据
企业变量			
固定资产投入（FC）	固定资产合计	固定资产合计	OFDI 调查数据

---

① 在处理对外投资指标的时候，遇到以下两种情况：一种是经常遇到某年（如 2004 年）开始投资，而 2004 年以后间断投资的情况。本章无论 2004 年以后是否有投资，都将 2004 年以后的对外投资指标设为 1。另一种是有的企业从 2010 年开始投资情况。由于 2010 年是最后统计年的特殊情况，因此将该年的对外投资指标设为 1，之前的都设为 0。

续表

变量	变量名称	说明	数据来源
劳动投入（L）	从业人数	从业人数	OFDI 调查数据
出口交货值（EX）	出口交货值	出口交货值	OFDI 调查数据
融资约束（FIN）	融资约束	负债与总资产之比	OFDI 调查数据
国有资本比例（SOE）	国资比例	国有资本占所有者权益	OFDI 调查数据
投资模式（MO）	投资模式	0：绿地投资 1：跨国并购	OFDI 调查数据
企业年龄（AGE）	企业年龄	统计年与开业时间之差	OFDI 调查数据
行业	企业所属行业	行业	
东道国地理特征	地理距离（DIS）	地理距离	与东道国首都间距离（公里）	CEPII①
东道国地理特征	人口密度（POP）	人口密度	东道国人口与国土面积比例	世界银行
东道国文化特征	女性地位（M）	大男子主义	妇女占议会比例	世界银行
东道国文化特征	和谐程度（H）	和谐程度	军费开支占 GDP 比例	世界银行

---

① CEPII 是法国经济研究中心的一个关于世界经济的数据库，该数据库成立于 1978 年，整合了包括国家间的语言、地名、地理相邻、贸易协定等关系数据以及国家的文化距离数据等，致力于研究世界各国的经济关系和发展进程。

续表

变量		变量名称	说明	数据来源
东道国基础设施	人均电力（P）	人均电力水平	人均电力水平	世界银行
	每百人无线电话数（TE）	每百人无线电话数	每百人无线电话数	世界银行
	每百人互联网数（INTER）	每百人互联网数	每百人互联网数	世界银行
东道国经济特征	GDP	国内生产总值	国内生产总值	世界银行
	人均GDP	人均GDP	GDP与东道国人口之比	世界银行
	对外开放程度（E）	对外开放程度	进出口贸易占GDP比值	世界银行
	市场竞争程度（M）	市场竞争程度	东道国外资流量	世界银行

第三节　投资动机

跨国投资动机，即在进行对外投资时的驱动因素或是战略意图。本章通过东道国市场规模、出口贸易、免税政策等方面因素对中国对外投资企业的样本进行划分。

一、技术动机

获取东道国先进技术是企业投资的动机之一，也是符合当前中国企业摆脱国际贸易价值链低端的一个重要途径。通过划分东道国高科技出口排名前25%国家的中国 OFDI 企业数据，获得技术动机 OFDI 企业样本。

二、资源动机

随着市场经济的不断发展，中国对国内稀缺资源的需求与日俱增，大量研究表明中国 OFDI 企业的资源寻求是最基本的战略投资动机。本章通过以下筛选获取中国的资源动机 OFDI 企业样本：投资到农业原材料、燃料、矿石和金属三项出口占总出口比例前25%东道国的中国 OFDI 企业。

三、市场动机

市场规模是企业投资的主要动机，对于进入他国市场，可以提高企业自身品牌效应和影响力，是企业可持续发展的必由之路。以市场动机为主要战略投资目标的企业样本是这样划分的：将东道国 GDP 总量的对数排名前25%的东道国作为投资目的地的中国 OFDI 企业。

四、免税动机

一些国家和地区由于经济发展受到人口稀少、资源匮乏、国土面积小等限制，通过免税政策来吸引外国投资，从而成为天然的免税天堂。这些国家和地区包括：百慕大（Bermuda）、开曼群岛（Cayman Islands）、中国香港（Hong Kong SAR, China）、中国澳门（Macao SAR, China）等。所以本章以投资到这些免税地区的中国 OFDI 企业作为研究样本进行研究。

五、四种不同投资动机的投资现状

图 7-1 是基于四种投资动机中国 OFDI 企业 2000—2010 年间投资柱状图。由图可以发现以下几个特点：（1）中国海外投资企业的技术投资动机呈现逐年递增的趋势，从 2000 年的 5.8 亿美元增长到 2010 年的 20.5 亿美元；（2）资源投资动机有起伏，但总体而言仍然是中国最主要的海外投资动机且远远超过其他三种投资动机（2008 年除外）；（3）中国企业免税动机的投资呈现增长趋势，其增长变化受到国际经济环境影响；（4）市场投资动机是四种投资动机中投资量最少的动机，其投资变化亦有起伏。

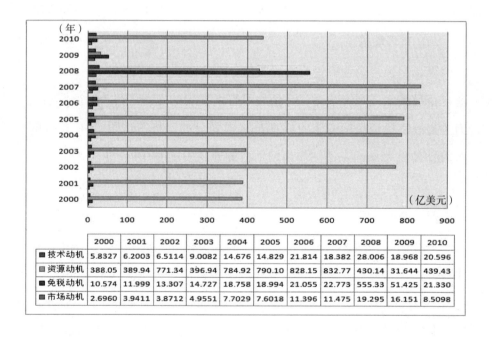

	2000	2001	2002	2003	2004	2005	2006	2007	2008	2009	2010
■ 技术动机	5.8327	6.2003	6.5114	9.0082	14.676	14.829	21.814	18.382	28.006	18.968	20.596
■ 资源动机	388.05	389.94	771.34	396.94	784.92	790.10	828.15	832.77	430.14	31.644	439.43
■ 免税动机	10.574	11.999	13.307	14.727	18.758	18.994	21.055	22.773	555.33	51.425	21.330
■ 市场动机	2.6960	3.9411	3.8712	4.9551	7.7029	7.6018	11.396	11.475	19.295	16.151	8.5098

图 7-1　四种不同投资动机的中国海外投资状况（2000—2010）

132

第四节 实证研究

一、计量模型

根据伊姆本 (Imburn, 2006) 发展的大样本倾向得分匹配估计模型，本章根据中国对外投资的基本情况，将企业微观变量和东道国宏观变量结合，建立基于投资动机异质性的倾向得分匹配 (PSM) 理论模型:

$$OFDI_{it} = \alpha_0 + \beta_1 \sum X_{it} + \beta_2 \sum Z_{it} + \varepsilon_{it} \tag{7.1}$$

$$E(Y_{it} \mid OFDI_{it}, \mu_{it}) = \exp(\beta_1 \sum X_{it} + \beta_2 \sum Z_{it} + \varepsilon_{it} + \mu_{it}) \tag{7.2}$$

其中，方程 (7.1) 为 probit 回归模型，目的是得出倾向得分值。$OFDI_{it}$ 表示对外投资决策状态变量 (0, 1); $\sum X_{it}$ 为企业微观变量; $\sum Z_{it}$ 为东道国宏观变量。

方程 (7.2) 为倾向得分 (PSM) 差分方程。该方程的目的是通过方程 (7.1) 的倾向得分值对数据样本进行匹配，然后将匹配后的样本进行对比研究。Y_{it} 为被解释变量，分别评估产品创新、产量、利润和税收。

二、对外投资决策的影响因素分析

企业对外投资决策既受到企业本身发展情况 (企业微观变量) 的影响，又受到国内外环境 (东道国地理、文化、基础设施和经济等因素）的影响。本章基于企业的四种投资动机（技术、资源、市场、免税）分析是否投资动机的差异会对中国企业的对外投资决策产生影响。

表7-2的四个样本的实证研究显示，投资动机的异质性导致影响对外投资决策的因素发生了变化。具体而言，第一，基于技术投资动机的对外投资企业。企业的固定资产投资、国资比例、投资模式、企业年龄对投资决策有显著的正向影响。而东道国方面，基础设施的人均电力和互联拥有量、东道国经济特征的人均 GDP 和对其有显著负向影响。百人互联网量和 GDP 总量对投资决策有显著正向影响。第二，基于资源投资动机的对外投资企业。企业的劳动投入对投资决策有显著负向影响，投资模式对其则是正向影响。而东道国的地理特征的人口密度、经济特征的经济总量人均 GDP 对投资决策存在显著负向影响，东道国的女性地位和市场竞争程度对投资决策有显著正向影响。第三，基于市场投资动机的对外投资企业。企业固定资产投资、国有资本比例和投资模式对投资决策有显著正向影响。而东道国基础设施建设的人均电力、每百人互联网使用量、文化方面的女性地位对投资决策有正向影响，经济特征方面的开放程度则有负向影响。第四，基于免税投资动机的对外投资企业。企业的国资比例对投资决策有负向影响，投资模式和企业年龄则有正向影响。东道国的地理特征之地理距离、基础设施的百人无线电话、互联网数和经济特征的人均 GDP 则对投资决策有显著负向影响。东道国地理人口密度、人均电力、GDP 和对外开放程度则有正向影响。

总之，研究发现东道国特征是影响投资决策的重要因素。首先，东道国地理特征对资源和免税动机影响巨大；其次，东道国基础设施建设对技术、市场和免税动机有显著影响，而对资源目的企业没有显著影响；再次，东道国文化特征对资源和市场动机企业有显著影响，而对技术和免税动机企业没有影响；最后，东道国经济特征对四种投资动机企业都有显著影响。

表7-2 对外投资决策的影响分析——基于投资动机异质性

对外投资	前（0） 后（1）	样本一 技术动机	样本二 资源动机	样本三 市场动机	样本四 免税动机
固定资产投入		8.1e-08***	8.78e-09	2.49e-07***	3.30e-09
劳动投入		1.18e-06	-7.4e-06*	-0.00001	-8.84e-07
出口交货值		-3.53e-08	2.57e-08	-3.42e-08	1.82e-08
融资约束		0.0115	0.0056	-0.0006	-0.00012
国有资本比例		0.514***	0.1142	0.4468***	-0.16535*
投资模式		0.813***	0.9223***	0.8036***	0.61406***
企业年龄		0.0058***	0.0009	0.003	0.01179***
地理距离		9.22e-06	9.01e-06	7.08e-08	-0.00014***
人口密度		0.0001	-0.00078**	0.00064	0.05476***
人均电力		-0.00013**	0.00002	0.0003**	0.02356***
每百人无线电话数		-3.43e-09**	1.92e-10	7.98e-09	-1.65e-06***
每百人互联网数		0.022***	0.0014	0.13***	-0.21974**
和谐程度		0.084	-0.018	-0.07	
女性地位		0.00072	0.0055*	0.0429***	
GDP		1.46e-13***	-7.84e-13***	-1.35e-13	1.75e-10***
人均GDP		-0.00003***	-0.00002***	2.87e-06	-0.0023***
对外开放程度		-0.00044	-0.0014	-0.0188**	0.023****
市场竞争程度		4.39e-14	1.43e-12*	-3.07e-13	
行业		否	是	否	是
N		4140	4281	4404	4714

注：（1）该表由probit回归而得，计算倾向得分值，为下一步样本进行样本匹配做铺垫；（2）*p < 0.10，**p < 0.05，***p < 0.01。

三、中国对外投资战略效果分析——基于 PSM 方法的研究

通过倾向得分匹配方法对比企业一些关键变量的变化情况（企业投资前后的对比）来评估中国对外投资战略的实现情况。具体而言，技术动机企业对外投资战略实现与否是通过新产品创新的前后对比来评估的，资源动机是通过产量变化评估的，市场动机是通过企业利润评估的，免税动机则是通过税收变化评估的。

研究发现，若只将对外投资前的企业与投资后的企业进行对比（匹配前），则发现基于四种战略动机的中国对外投资企业的对外投资意图都是显著实现的，即可以说是对外投资成功的。然而匹配前的企业并未考虑企业异质性对研究结论产生的影响，即把不同种类的企业进行了混淆对比分析。通过倾向得分匹配后的样本研究发现（匹配后），对比对外投资前与投资后的"同质"① 企业发现（表 7-3），只有基于市场动机的中国对外投资企业是成功的，即通过匹配后发现，基于市场动机的企业在利润指标上比对外投资前的企业显著增长了 110.5%，实现了企业的市场意图；而基于技术、资源、免税动机的对外投资企业整体而言可以说是失败的，因为通过对比分析发现对外投资（OFDI）前后没有显著变化。

---

① 这里的"同质"表示通过倾向得分值，将企业的基本属性（固定资产投入、劳动投入、出口交货、融资约束、国资比例、企业年龄、投资模式）和所投东道国特征（地理、基础设施、文化和经济）相似的企业进行匹配。

表7-3 不同动机下中国 OFDI 投资前后比较

战略动机	变量	样本	OFDI 后	OFDI 前	ATT	T 值	战略实现
技术动机	新产品创新	匹配前	0.1656	0.1358	0.0297**	2.04	否
		匹配后	0.1656	0.1584	0.0072	0.33	
资源动机	产量	匹配前	1252390	763400	488990***	2.83	否
		匹配后	1252390	920868	331522	1.42	
市场动机	利润	匹配前	91925	25899	66026***	5.4	是 (110.5%)
		匹配后	91925	43653	48272***	2.11	
免税动机	税收	匹配前	50446.51	89982.51	-39536***	-2.66	否
		匹配后	85394.86	89982.51	-4587	-0.16	

注：（1）"匹配前"是指未实施倾向得分匹配前的样本，"匹配后"是指施行匹配后的样本。（2）ATT 表示基于倾向得分匹配变量平均值的组间差异。（3）战略实现是指匹配后样本的 ATT 值显著与否，若显著则"是"且给出比 OFDI 前提升的幅度。

第五节 基于市场动机 OFDI 企业成功的一些条件

以上实证研究结论显示基于市场动机的 OFDI 企业是中国对外投资最为成功的一类企业，但是并没有透露其取得成功的一些基本原因。所以本章将通过对比分析中国不同投资动机的 OFDI 企业的一些基本属性来分析该类企业取得成功的一些条件，虽然不能完全剖析其成功的真正内因，但是也为其他投资动机企业的成功提供一些有益的借鉴。其中，这些基本属性包括对外投资量、规模、年龄、出口、国资比例、外资比例，见表7-4所示

表7-4　基于不同投资动机的企业基本属性对比

投资动机 基本属性	市场动机	技术动机	资源动机	免税动机
OFDI 量	91.97 万美元	92.79 万美元	8900.00 万美元	207.80 万美元
规模	836.81 万元	927.91 万元	1286.40 万元	1496.88 万元
年龄	9.90 年	9.94 年	10.24 年	9.84 年
出口	167.70 万元	178.90 万元	185.00 万元	263.70 万元
国资比例	1.7%	1.5%	2.1%	3.0%
外资比例	4.5%	4.5%	3.3%	4.9%

注：数据是通过中国对外投资数据库整理而得。

通过表7-4对比分析可以看出，与其他动机企业相比，基于市场动机的OFDI企业呈现以下特征：投资最少、规模最小、企业年轻、出口最少、国资比例偏小、外资比例偏高。总体而言，第一，小而灵活是其取得成功的条件之一；第二，出口和对外投资互为替代作用，所以出口少也是对外投资成功的关键之一；第三，更多外资的注入会使其能快速融入东道国市场，更易取得成功。

第六节 对外投资动机的相关性研究

OFDI 企业根据不同战略动机对海外东道国进行投资的时候，OFDI 企业会根据自身特点和东道国的特征同时进行多个战略投资，抑或是企业在实现某个战略动机的时候其他动机也随之实现，这些都是投资动机之间的相关性研究。本章基于不同战略动机的研究样本，研究基于某种投资动机是否会同时实现其他战略动机。

分别以技术、资源、市场和免税动机为样本进行研究，研究结论如表 7-5、表 7-6、表 7-7、表 7-8 所示。研究发现：第一，基于技术动机的中国 OFDI 企业会显著实现其市场动机，与对外投资前相比，进行对外投资的 OFDI 企业的市场利润会增长 104.3%（表 7-5）；第二，基于资源投资动机的 OFDI 企业同样会显著实现其市场动机，市场利润会增长 127.2%（表 7-6）；第三，基于市场投资动机的 OFDI 企业则会实现资源和免税战略，与对外投资前相比，对外投资后企业的产量将会提升 76.4%，税收将会减免 44.8%（表 7-7）；第四，基于免税动机的 OFDI 企业样本，则不会实现其他任何动机（表 7-8）。

表 7-5 不同战略动机的实现——基于技术动机样本

战略动机	变量	样本	OFDI 后	OFDI 前	ATT	T 值	战略实现
资源动机	产量	匹配后	1276589	985089	291499	1.01	否
市场动机	利润	匹配后	112451	55037	57413**	1.93	是（104.3%）
免税动机	税收	匹配后	32367	54089	-21721	-1.51	否

表 7-6 不同战略动机的实现——基于资源动机样本

战略动机	变量	样本	OFDI 后	OFDI 前	ATT	T 值	战略实现
技术动机	新产品创新	匹配后	0.1191	0.1011	1.32	0.017	否
市场动机	利润	匹配后	117497	51702	65794**	1.98	是（127.2%）
免税动机	税收	匹配后	50623	59313	-8689	-0.5	否

表 7-7 不同战略动机的实现——基于市场动机样本

战略动机	变量	样本	OFDI 后	OFDI 前	ATT	T 值	战略实现
技术动机	新产品创新	匹配后	0.1638	0.153	0.01	0.48	否
资源动机	产量	匹配后	1197038	678579	518459**	1.88	是（76.4%）
免税动机	税收	匹配后	25502	46284	-20781**	-2.04	是（-44.8%）

表 7-8 不同战略动机的实现——基于免税动机样本

战略动机	变量	样本	OFDI 后	OFDI 前	ATT	T 值	战略实现
技术动机	新产品创新	匹配后	0.1654	0.1431	0.0223	0.92	否
资源动机	产量	匹配后	1915329	1516259	399069	1.09	否
市场动机	利润	匹配后	172722	123854	48868	1.07	否

一、平稳性检验

现有的倾向得分匹配方法主要有三种，分别是最近邻匹配法、半径匹配法和核匹配法。虽然方法不一样，但是都存在一个共同的特点，寻找和处理组"类似"的控制组进行匹配、回归，然后进行比较分析。其主要的区别在于对"类似"的范围定义不一样，这样就为做平稳性检验提供了一个良好的途径。

以市场动机样本为例，表7-9通过半径匹配和核匹配方法来检验最近邻匹配结果的稳定性。表7-9的研究发现三种匹配方法所得到结论显著性基本一致（除了核匹配的资源动机不显著和系数不一样外），印证了表格7-2基于市场动机样本的战略实现结论。

表7-9　不同匹配方法的稳定性检验——基于市场动机样本

匹配方法	变量	ATT	T 值	战略实现
最近邻匹配				
技术动机	新产品创新	0.01	0.48	否
资源动机	产量	518459**	1.88	是（76.4%）
免税动机	利润	−20781**	−2.04	是（−44.8%）
半径匹配				
技术动机	新产品创新	0.03	1.08	否
资源动机	产量	380000***	4.52	是（50.8%）

续表

匹配方法	变量	ATT	T 值	战略实现
免税动机	利润	−16769***	5.25	是（−45.7%）
核匹配				
技术动机	新产品创新	0.01	0.73	否
资源动机	产量	341000	1.06	否
免税动机	利润	−6632**	1.62	是（23.4%）

注：（1）*p< 0.10，**p< 0.05，***p< 0.01；（2）核匹配的 T 值采用自抽样法（Bootstrap）反复抽样 50 次获得。

二、结论

2010 年的中国工业企业对外投资数据显示，一方面中国对外投资动机不再是单一的资源型投资，而是呈现了多元动机态势，向技术、市场、免税等方面逐渐转移。另一方面，由于中国对外直接投资的不断推进，大量研究数据不断沉淀和更新，为研究中国企业对外投资效果提供了大量可靠数据支持。因此，本章基于战略投资动机异质性视角，探讨中国战略投资目标的实现情况，并得出结论和相关政策建议。

首先，研究发现东道国特征是影响投资决策的重要因素。具体而言，东道国地理特征对资源和免税动机有显著的影响；东道国基础设施建设则影响了以技术、市场和免税动机为主的 OFDI 企业；东道国文化则对资源和市场动机企业有显著影响；东道国经济特征对四种投资动机企业均有显著影响。

其次，实证结论发现在基于四种投资动机的样本中只有基于市场动机的企业是成功的。经过倾向得分匹配的对比研究发现，基于市场动机的 OFDI 企业样本中，对外投资后比对外投资前的企业的市场利润显著增长了近一倍，而基于其他三种战略动机的企业在"投资前后"没有显著变化。

最后，研究发现四种投资动机并不是独立的，而是相互联系的。基于技术和资源动机的 OFDI 企业往往会显著实现其市场目标，基于市场动机的 OFDI 企业则会实现资源和免税目标，而基于免税动机的 OFDI 企业对其他战略动机没有显著影响。

三、政策建议

首先，基于企业自身的投资动机选择合适的东道国进行投资。本章的研究结论显示，选择错误的东道国不仅会导致企业投资决策的失败，而且会造成企业、国家资源的巨大浪费。因此，在进行对外投资时必须对东道国的地理、文化、基础设施建设和经济特征进行详细勘察和了解。不要跟风，选择适合企业自身投资的东道国才是对外投资成功的关键。

其次，基于市场动机的对外投资是中国对外投资初期最为成功的方式。研究发现国资比例偏小、外资比例偏高、企业年轻、出口少是其比另外三种方式成功的原因。因此，并不是规模越大、国有成分越高，对外投资就一定成功，较小规模的企业也许更利于市场进退，较高的外资注入更容易让企业融入东道国市场。

最后，研究发现企业以多动机进入东道国也是一条行之有效的投资方式，其中应当鼓励有条件的中国 OFDI 企业以东道国市场动机为主、其他动机为辅的方式进入东道国，这样才能更有效地利用东道国的市场、资源和技术。

第八章

间接补贴形式对跨国企业创新的影响——以特许使用权税收优惠为例

第一节　研究背景

税收激励政策指的是各国依据税收法中的规定，给予某些组织、经济活动、资产等以优惠待遇的条款。其目的在于给予特定优惠对象足够的资金支持，以激励他们达到某些战略目标。在国际贸易中，最重要的莫过于各国相互签订的税收协定，其主要目的之一是避免双方跨国企业在两国被重复征税。其二是核定两国的一些优惠税率，以促进相互投资和交流。截至 2020 年，中国已经同世界上 106 个国家和地区签署了税收协定，该协定针对股息、利息、特许权使用、财产收益等设定了税收优惠条款。

特许权使用税是税收协定的重要内容，也是有关促进企业创新的优惠税种之一。具体而言，特许权使用费是依据专利权、商标权、著作权、非专利技术以及其他特许使用权收获所得，各国政府根据个人或是企业从该所得中再收取一定的税收，即特许权使用费税率。由于跨国企业所带来的技术溢出效应，各国都相应的制定了特许权使用费限制税率进行税收优惠和减免，以促进跨国企业的创新行为。本章通过国家税务总局国际税务司的数据，整理了与中国有税收协定国家的特许权使用费税率数据（附录 B）发现，税收协定中特许使用费税率条款规定了针对两国双方跨国企业的优惠税率通常不得超过 10%，但是也有部分协定规定了较低的优惠税率。如与突尼斯的税收协定就规定但凡中国提出的技术、经济领域的研究或是技术支援所获得的优惠税率皆为 5%，而与中国有渊源友好的国家，古巴、格鲁吉亚、罗马尼亚、埃及等的优惠税率就是 5%—8% 不等，与西方发达国家如美国、德国、英国的税率规定为 7%，法国、荷兰、比利时、新加坡等则为 6%。

　　随着改革开放的持续推进，中国政府"走出去""一带一路"倡议等海外战略的逐步实施，以及中国企业在特有资源和领域上存在着自身的比较优势，给中国跨国企业谋求发展海外投资、参与国际竞争、竞逐国际市场带来了机遇与空间。近年来，中国跨国企业在国际竞争与合作过程中逐步缩小了资本、技术、规模等方面同西方发达国家跨国企业的差距，国际地位逐步提升，获得了投资东道国的认可，并在税收优惠方面获得了同西方跨国企业一样的待遇。另外，中国跨国企业为了突破国际贸易价值链的低端锁定，正从传统的增加要素投入的发展模式逐步转变为以创新驱动的发展模式。本章就税收协定中的特许权使用费税收优惠对中国海外投资企业创新的影响进行研究，更加细致地剖析海外税收优惠对企业创新影响的现实状况。由于政治关联对税收优惠、创新等有着不同程度的影响，因而也就政治关联在税收优惠与创新关系上所发挥的作用进行探讨。

第二节　研究进展与假设

伴随着 20 世纪 80 年代末罗默（Romer）、卢卡斯等人发展的内生性增长理论，越来越多的国家和企业将技术进步、知识溢出、人力资本等作为经济增长的核心驱动力或是决定性因素，而这些正是创新的核心内容。然而由于创新的外部性，其所涉及的教育投入、基础研究投入、基础设施投入等高成本低收益的社会公共投入，不是一家企业或是机构能负担得起的，所以要依靠国家和政府力量共同承担。另外，创新的成本、不确定性和知识产权保护制度等原因导致企业对创新望而却步，所以仅仅依靠市场力量难以更好地激励企业创新，需要通过产业政策进行引导。

除了明确关于创新方面的创新补贴政策外，一方面税收优惠政策由于其可操作性、持久性、稳定性等优点受到各东道国政府、经济学家所推崇的刺激企业创新、补偿外部性的有效手段之一。另一方面由于跨国企业创新带来的外部性（技术溢出效应、经济增长、就业）的原因世界各东道国政府都积极通过税收优惠政策吸引、刺激外商投资和创新。比如，在中国的外商投资企业在技术开发、转让和咨询等方面依据地区的不同可以不同程度享受税收减免、企业所得税优惠等。相比一般企业所要上交的所得税率 25% 而言，经过国家认定的跨国高新技术企业将获得 15% 的所得税率优惠，相当于减免了企业 40% 的税收，从另一个方面获得创新补贴补偿，大大降低了其创新成本。但是税收优惠政策能否刺激企业的研发投入呢？学术界关于该问题主要存在两种观点。观点一认为，税收优惠可以弥补一些中小或是新兴企业研发资金的不足，激励企业的研发投入，从而促进企业创新。一些学者也从外部性出发，证实了税收优惠给研发投入带来的促进作用，霍尔和瑞恩（Hall，Ryan，2000）对美国的税收优惠政策研究显示，1美元的研发投入能带来1美元的税收抵扣。对中国台湾地区企业的研究显示，税收减免能给企业的研发投入增加约53.8%。观点二则认为，税收优惠政策在刺激企业研发投入上的作用是有限的。部分学者认为，由于政策成本高，在处理企业创新的外部性上是无效率的，导致出现市场失灵等问题，即税收优惠政策在一定程度上扭曲创新要素价格，对市场造成冲击，另外发现一些企业并未把这些税收优惠用于创新投入。伊森（Isen，1984）认为税收优惠政策在一定程度上会存在挤出效应，当税收优惠超过一定量时会挤出私人部门的研发投入。虽然观点二在一定程度上认为税收优惠对企业创新投入有阻碍作用，但是也没有否定其促进作用。据此，本章提出以下假设：

假设1：跨国企业享受的税收优惠增加了企业的研发投入水平。

相比税收优惠政策对研发投入的影响，很多学者更关心税收优惠对企业创新绩效的作用。一些学者的研究发现税收优惠政策是通过提升企业的研发投入来提升最终的创新绩效的，但是根据跨国企业母国与企业性质不同，其影响效果也存在差异，所以税收优惠政策是通过研发投入作为中介对创新绩效进行影响的。根据本章所选用的"创新绩效—新产品创新"，得到假设2。另外，为了同假设2对比研究，本章假设了税收优惠对创新影响的直接效应，因此得到假设3。

假设2：跨国企业使用优惠通过研发投入（R&D）的中介效应促进企业新产品创新。

假设3：跨国企业享受的税收优惠促进了企业新产品创新（直接效应）。

　　制度经济学认为，在不同的制度环境下，政策的实施效果是存在较大差异的。而根据本章的研究重点，将探讨企业的政治关联在税收优惠和创新上的作用。可以说政治关联是帮助跨国企业获得更多的外部融资、规避税收、突破东道国市场壁垒的重要手段，处理好与东道国政府的关系，还可以扩展投资规模、增加雇佣员工、提升企业影响力等。但是政治关联会导致企业的行为与经营目标二者间存在冲突，从而影响企业的投资决策。因此，政治关联在一定程度上改变了企业面临的外部环境，进一步对企业的创新行为产生影响。第一，为了迎合改善跨国企业的外部环境，企业决策者会做出背离创新战略的决定，从而导致企业行为与实际生产活动间的"脱耦"现象；第二，政治关联会削弱跨国企业所面临的东道国技术环境。虽然政治关联的加强会使得跨国企业的创新成果受到更好的产权保护，使得企业有明显的竞争优势，但是从另一个方面降低了竞争压力，使得企业缺乏动力进行创新，因而根据以上研究结论，本章提出假设4。

　　假设4：政治关联在税收优惠对创新的影响中起到了负向的调节作用（调节效应）。

　　假设4a：政治关联削弱了税收优惠对企业研发投入的促进作用。

　　假设4b：政治关联削弱了研发投入对跨国企业新产品创新的促进作用。

　　根据本章的研究思路、问题与假设，建立本章的研究概念模型，如图8-1所示

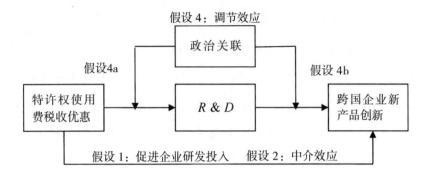

图 **8.1**　概念模型

第三节　实证研究

一、数据来源与变量定义

（一）数据来源

本章整合 1998—2007 年间包括《境外投资企业（机构）名录》《中国工业企业数据库》《世界银行数据库》以及国家税务总局的数据（世界各国与中国签订《税收条约》）。本次数据整理在保证最大可能数据完整性的前提下，提取所有可能用于研究的对象和变量。另外，根据企业代码、投资东道国对 4 个数据库中的变量进行匹配，在此过程中删除不能进行匹配的跨国企业（没有企业代码）以及出现的异常值（负值、极端值等）。

（二）跨国企业特许权使用费税收优惠

1. 跨国企业特许权使用费税收优惠的计算

借鉴李维安、李浩波等（2016）[①] 关于所得税优惠的计算方法，本章结合中国政府与跨国企业东道国签订的税收协定中的有关特许权使用费优惠税率，计算出中国跨国企业有关特许权使用费一项的税收优惠，具体计算公式如下：

$$TS = Tax * (\frac{25\%}{r} - 1)/Sales \qquad (8.1)$$

其中，TS 表示特许权使用费所得税优惠指数；Tax 表示跨国企业应交所得税；25%是我国企业统一的应交所得税税率，r 表示与中国签订税收协定东道国中特许权使用费优惠税率（附录 B）[②]；$(\frac{25\%}{r} - 1)$ 表示跨国企业在特许权使用费上所获得的优惠比例；$Sales$ 表示跨国企业的销售总额，该公式引入这个指标的原因主要是将税收优惠的绝对值处理为相对值。该技术方法的优势在于排除了其他税收优惠的干扰，仅将关注的税收优惠重点聚焦于企业特许权使用费上，更好地研究其对创新产出的影响情况。

2. 中国跨国企业特许权使用费税收优惠状况

根据中国海外投资企业在东道国特许权使用费的税收优惠，本章通过整理加总各个年份海外投资企业所得税收优惠，计算出历年中国跨国企业特许权使用费税收优惠状况，如图 8-2 所示。可以看出，随着中

---

① 李维安，李浩波，李慧聪. 创新激励还是税盾：高新技术企业税收优惠研究［J］. 科研管理，2016（11）：61-70.

② 从附录 B 可以了解到具体与中国签署税收协定的国家、签署时间、生效时间等，而特许权使用费的优惠税率的使用上除了有具体要注明为固定值的一些国家外（如美国 7%、法国 6%等），在本章中统一使用 10%。

国海外投资的增加，中国跨国企业所获得特许权使用费税收优惠从
2000 年的 664.2 万元增加到 2007 年的 5613.96 万元，增长了 8.45 倍，
除了 2006—2007 年稍有下降趋势外，其余年份的特许权使用费税收优
惠皆呈现上升趋势。

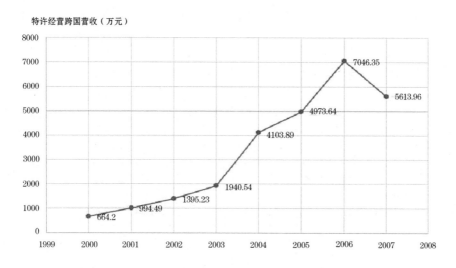

图 8-2 中国跨国企业特许权使用费税收优惠状况（2000—2007 年）

3. 政治关联

本章有关政治关联的定义是根据企业登记注册类型与投资东道国进
行判定的。将中国跨国企业（OFDI）数据库中的注册类型为港澳台投
资企业（200）、合资（港或澳台资）经营企业（210）、合作（港或澳
台资）经营企业（220）、港澳台独资企业（230）、港澳台商投资股份
有限公司（240）、外商企业（300）、中外合资经营企业（310）、中外
合作企业（320）、外资（独资）企业（330）等企业根据投资来源地与
海外投资东道国进行匹配，若来自同一个地区，则认为该跨国企业是具
有海外背景的企业，即有政治关联企业记为 1，若不匹配则为 0。

4. 其他变量的选择

本章从"投入—产出"方面来考量税收优惠对创新的影响，所以对创新指标的定义也是从创新产出方面进行考虑的；其他控制变量（表8-1）的选择则根据已有研究中有关创新的影响因素和数据库统计的企业指标进行筛选，主要包括研究与开发投入、政治关联、企业规模、企业年龄、利润率。另外，为了考虑一些东道国宏观经济环境的影响，本章加入了诸如东道国人均GDP、高科技出口相关变量。

表 8-1　变量说明

变量	变量名称	说明
Inn	企业新产品创新	新产品产值
TS	特许权使用费税收优惠指标	根据公式（8.1）计算
RD	研究与开发投入	企业研发投入
PC	政治关联	根据跨国企业登记注册类型进行判定
Size	企业规模	企业总资产的自然对数
Age	企业年龄	统计年与开业时间之差
ROA	利润率	利润总额与总资产之比
DG	东道国人均GDP	东道国人均GDP
Te	东道国高科技出口	东道国高科技出口

二、变量的统计性描述与相关性检验

(一) 变量的统计性描述

根据本章实证研究所选取的变量，本章对主要变量进行统计性描述。统计结论发现，2000—2007 年间中国跨国企业的平均新产品创新产量大约为213361.60；平均所获得的特许权使用费优惠税收指数约为0.02；跨国企业的平均研发强度支出为10383.34；政治关联的平均值约为0.24，也就是说平均约24%的跨国企业拥有与东道国的政治关联；跨国企业的平均规模约为11.65，平均年龄约为11 年，平均利润率为8.72%。东道国方面，人均 GDP 大约为25393.02，说明中国跨国企业主要是以中等发展中国家为主；而投资的东道国平均高科技出口为515亿元。

表 8-2　变量的统计性描述

变量	样本量	平均值	标准差	最小值	最大值
Inn	14909	213361.6000	1562986	0.000	5.70e+07
TS	14887	0.0241	0.0935	0.000	8.625
RD	17142	10383.3400	147093.4000	0.000	8733503
PC	17269	0.2407	0.4275	0.000	1.000
Size	17256	11.6490	1.9572	6.200	20.155
Age	17269	10.8576	11.9775	0.000	68.000
ROA	14887	0.0872	0.4819	−32.382	30.600
DG	16881	25393.0200	15744.9600	135.645	86129.380
Te	16488	5.15e+10	7.30e+10	0.000	2.21e+11

（二）变量的相关性检验

表8-3所示为置信水平为99%的Pearson相关性检验的回归结论，从Pearson相关性检验可以看出，在显著水平为99%下各个变量间的相关系数均小于0.5，说明模型发生多重共线性的可能非常小。另外，关于本章研究的影响重要变量研发强度和补贴强度均对企业新产品创新有显著的正向关系。

表8-3　变量的相关性检验

Var	Inn	TS	RD	PC	Size	Age	ROA	DG	Te
Inn	1.0000								
TS	0.0023	1.0000							
RD	0.1420*	0.0175	1.0000						
PC	0.0213*	0.0133	0.0559*	1.0000					
Size	0.2909*	0.0609*	0.2082*	0.2607*	1.0000				
Age	0.1141*	0.0222*	0.0942*	0.2204*	0.3806*	1.0000			
ROA	0.0029	0.4686*	0.0094	0.0162	0.0388*	0.0020	1.0000		
DG	-0.0340*	0.0024	0.0082	-0.0229*	-0.0023	-0.3000*	0.0180	1.0000	
Te	-0.0420*	0.0026	-0.0031	-0.0004	-0.0517*	-0.2000*	-0.0038	0.3000*	1.0000

三、模型设定与研究结论

（一）特许权使用费税收优惠与跨国企业创新

根据F检验和豪斯曼检验的结果，固定效应模型（FE）和混合效应模型（PA）的结论并不是最优线性无偏估计，所以本章运用随机效应模型研究税收优惠对跨国企业研发和创新的影响，根据模型得到表 8-4 的回归结论。

表 8-4 的 A 列显示，特许权使用费税收优惠（TS）对跨国企业研发投入（RD）在置信水平为 5% 上有显著的负向影响，其具体系数为 -35295.99，即说明特许权使用费税收优惠每上升 1 千元，企业的研发投入将会减少约 35295 元，这与研究假设 1"税收优惠促进企业研发投入"相违背。关于该问题的解释是高额度的税收优惠可能会增加跨国企业的寻租成本，即刺激跨国企业通过寻租行为把更多的资金投资到与东道国的关系上，甚至会动用研发资金。毛其淋、许家云（2015）认为跨国企业的创新行为是具有高风险的，其主要来自两个方面：第一，创新投入与创新成果关系的不确定性。跨国企业在根据自有知识、技术，结合东道国市场环境进行创新时存在着较大的不确定性。如管理、文化理念的不一样的问题，对东道国技术消化吸收问题，对东道国市场情况不熟悉等问题。第二，东道国的知识产权保护制度不完善。身处知识产权保护不完善的东道国，跨国企业将面临知识产权被侵犯、被同行业本地企业模仿等风险，而东道国政府乐于跨国企业的技术溢出，本着提升本国民族企业实力的考虑，采取置之不理的态度，从而使得跨国创新收益比大打折扣。因此，基于以上两个方面的考虑，大多数跨国企业将会逐渐放弃创新（RD）投入，从而将资金投资于其他方面，比如说投资到处理好与地方政府的关系方面将会获得更多的税收优惠。

表 8-4 的 B 列和 C 列分别就特许权使用费税收优惠（TS）对跨国企业新产品创新的直接效应（假设 3）和通过 RD 作为中介效应影响企业新产品创新（假设 2）两个假设进行验证。通过对表 8-4 的 B 列研究结论发现，特许权使用费税收优惠（TS）并未对跨国企业新产品创新有显著的直接影响，表 8-4 的 C 列在增加研发投入后亦未发现特许权

使用费税收优惠（TS）的显著影响作用。而表 8-4 的 D 列作为 C 列的有效性检验发现，无论有没有特许权使用费税收优惠（TS），其他解释变量的显著性、系数值都没有发生根本性的变化，即进一步证实了特许权使用费税收优惠是以研发投入作为中介影响跨国企业新产品创新的。研究结论不支持假设 2 和假设 3，跨国企业并未将税收优惠直接或是间接应用于新产品创新。

表 8-4　特许权使用费税收优惠与跨国企业创新

Var	RD	Inn		
	A	B	C	D
TS	−35295.99**	35170.13	59610.80	
	(−2.29)	(0.33)	(0.56)	
RD			0.59***	0.59***
			(9.68)	(9.66)
PC	−1046.53	−207802***	−218934***	−219196***
	(−0.36)	(−10.00)	(−10.24)	(−10.26)
Size	15736.27***	169655***	161274***	161321***
	(18.46)	(21.07)	(19.93)	(19.93)
Age	178.20	2651.45**	1654.52	1656.84
	(1.33)	(2.33)	(1.44)	(1.45)
ROA	1826.76	5798.92	2946.53	9805.78
	(0.60)	(0.27)	(0.14)	(0.56)

续表

Var	RD	Inn		
	A	B	C	D
DG	0.05 (0.40)	-1.80 (-1.44)	-1.43 (-1.14)	-1.43 (-1.14)
Te	9.87e-09 (0.38)	-8.93e-08 (-0.35)	-5.82e-08 (-0.23)	-5.69e-08 (-0.22)
R2	0.14	0.42	0.42	0.42
F (Wald chi2)	416.72***	564.78***	668.22***	666.92***
N	14135	14135	14135	14135

（二）特许权使用费税收优惠、政治关联与跨国企业创新

前面大量的研究显示政治关联是不利于企业创新的，本章将政治关联作为调节变量，探讨特许权使用费税收优惠与跨国企业创新的关系。表 8-5 的 E 列的回归结论显示在 1% 的置信区间之内特许权使用费税收优惠（TS）的系数为 -92733.20，表示税收优惠每增加 1000 元，企业的研发投入将会减少约 92733 元。进一步比较发现该系数的绝对值（92733.20）小于特许权使用费税收优惠（TS）与政治关联（PC）交叉项的绝对值（-142393），也就是说政治关联使得投入研发（RD）资金减少，印证了假设 4a。表 8-5 的 F 列的研究显示研发投入对跨国企业新产品创新的影响为正值，而政治关联与研发投入的交叉项为负值，说明了政治关联在研发投入 RD 与新产品创新 Inn 的过程中起到了负向的调节作用，印证了假设 4b。另外，本章结论显示（表 8-5 的 G 列）

157

政治关联在特许权使用费税收优惠与跨国企业新产品创新中没有显著的调节作用。

以上证实了政治关联对创新的负向调节作用。既然削弱了企业的创新能力，那么企业为什么还要与东道国地方政府打好关系呢？实际上，跨国企业追求政治关联的行为是基于企业利益出发的。由于东道国的民族主义和地方保护主义政策的影响中国的跨国企业在海外普遍会遇到融资约束问题，因而企业会做两种打算：第一，将东道国的税收优惠作为融资的一条有效渠道，其所要付出的成本不是利息而是为获得税收优惠而产生的寻租成本，当企业发现寻租是有利可图的时候甚至会挤占研发投入的资金，削弱企业的创新行为；第二，将东道国的税收优惠作为利润来源之一，这样做的好处在于该"利润"并不会计入会计利润中，从而省去部分企业所得税，达到一个"税盾"的效果。

表 8-5　特许权使用费税收优惠、政治关联与跨国企业创新

Var	RD	Inn	
	E	F	G
TS	−92733.20*** (−4.06)		83356.30 (0.52)
PC * TS	−142393*** (−5.26)		−90789.80 (−0.49)
RD		0.94*** (14.07)	

续表

Var	RD	Inn	
	E	F	G
PC * RD		−1.42***	
		(−13.02)	
PC	−3253.37	−218934***	−214285***
	(−1.10)	(−10.24)	(−9.85)
Size	15899.24***	161638***	168224***
	(18.65)	(20.03)	(20.95)
Age	179.10	1584.93	1811.34
	(1.34)	(1.39)	(1.59)
ROA	849.13	8991.74	5257.02
	(0.28)	(0.52)	(0.25)
DG	0.05	−1.41	−1.43
	(0.41)	(−1.13)	(−1.14)
Te	9.21e−09	−5.83e−08	−7.42e−08
	(0.35)	(−0.23)	(−0.29)
R2	0.14	0.42	0.42
F (Wald chi2)	430.33***	840.25***	568.86***
N	14135	14135	14135

小结

本章通过税收减免研究间接补贴形式对跨国企业的创新影响，丰富了政府激励创新的政策手段研究，具体所做的工作和研究内容总结如下：

首先，通过对中国与世界主要经济体签署的税收协定进行整理，提炼出本章所需要的税收优惠政策——特许权使用费税收优惠；

其次，通过实证方法对比研究特许权使用费税收优惠对跨国企业新产品创新的影响；

再次，考虑政策与政治关联的紧密联系，本章将政治关联作为研究税收减免与新产品创新的调节变量，研究其在二者关系上的影响作用；

最后，根据实证研究结论提出关于间接补贴形式对跨国企业创新影响的政策建议。

第九章

政策补贴与中国对外投资企业生产效率

近年来由于过度投资而产生的产能过剩问题再一次引起海内外学者对政策干预有效性进行研究。本章通过微观企业层面数据揭示，就整体对外投资企业而言，国家补贴已经阻碍了生产效率提升。进一步挖掘国家补贴所涵盖企业显示，补贴对生产效率的影响效应是非线性的双门槛机制，即存在生产效率的补贴合意区间（0.0059，0.0646），当在补贴强度（补贴与销售总额的比例）处于该区间外时，补贴对企业的生产效率没有显著作用。基于补贴合意区间判定，过度补贴企业的整体产能远远高于其他企业。本章对当前的补贴制度调整具有重要的启示意义，政策制定者将补贴控制在生产效率的合意区间内可以很好地抑制由于过度补贴造成的产能过剩问题，而且能发挥国家补贴对海外投资企业生产效率的激励作用。

第一节　研究背景

一方面，随着廉价劳动力供给的放缓，投入制造业、金融业、房地产和基础设施的资本超出了可持续利用率，造成当前中国整体经济的产能过剩。另一方面，根据中国统计数据显示，中国的整体生产率正在不断下降，2010—2014 年间全要素生产率（TFP）对经济增长的贡献仅为

30%，低于 1990—2000 年间的 40% 和 2000—2010 年间的 48%[①]。中国的整体生产率还未提高、经济增长便开始减速了。鉴于中国对外投资企业代表了中国先进生产力且全要素生产率的提升是企业可持续发展的根本，本章将深入探讨国家补贴是否提升了对外投资企业的生产效率、其中具体的作用机制如何、能否在消除产能过剩的同时提高生产效率等问题。

第二节　创新补贴与生产率概述

生产效率的估算是本章实证研究的基础，生产效率一般是通过全要素生产率（TFP）来衡量的，它通常被解释为产出中不能被要素投入所解释的"剩余"，也反映了生产率作为一个经济概念的本质（马夫林，2008）[②]。首先 TFP 反映了投入转化为最终产出的总体效率；其次反映了不仅是技术进步水平相关的投入变量，而且反映了企业家才能、经济制度文化环境等要素。俄林和帕克（1996）[③] 基于企业当前生产经营情况发展了基于一种半参数估计值法（consistent semi - parametric estimator），简称 OP 法。该方法的应用使得对微观企业生产效率的估算成为可能，使得 OP 法成为 TFP 估算的主流方法之一，也是国内对微观

---

① 该数据是由中国统计年鉴数据库整理计算而得。

② Hall B, Maffioli A. Evaluating the Impact of Technology Development Funds in Emerging Economies: Evidence from Latin America ［J］. European Journal of Development Research, 2008, 20 (2).

③ Olley S, Pakes. The Dynamics Of Productivity in the Telecommunications Equipment Industry ［J］. Econometrica, 1996, 64 (6): 1263-1297.

企业生产效率估算的主要方法（张杰等，2009①；Yu，2010；鲁晓东、连玉君，2012②；杨汝岱，2015③）。

随着世界各国纷纷将发展创新型的新兴产业作为调整产业结构、重塑全球价值链格局且视为国家级的战略规划以来，各国政府都加大了对提高企业生产效率的扶持，政策补贴就是其中最重要的环节。而当今关于补贴对生产效率的影响主要包括正向和负向两个方面的研究。由于市场、制度和经济环境等方面的原因，国家补贴可能对企业生产效率造成负面影响，具体而言有以下几类观点：（1）企业经济最大化与政府政治目标最大化的冲突导致补贴对生产效率的负向影响（德隆，1991④；安同良，2009⑤）；（2）补贴可能导致技术低效率从而导致对生产效率的负向影响。当企业获取高额补贴时，企业经理人将缺乏动力去改善生产效率和经营环境，会偏向于选择节约生产成本（斯密特，1997）⑥；（3）当企业得到高额补贴时，企业管理者更感兴趣于寻租行为，即进行"寻补贴"投资，而不是将资源用于提高企业生产效率（盖特林，

---

① 张杰，李勇，刘志彪. 出口促进中国企业生产率提高了吗：来自中国本土制造业的经验证据：1999—2003 [J]. 管理世界，2009 年第 12 期.
② 鲁晓东，连玉君. 中国工业企业全要素估算：1999-2007 [J]. 经济学（季刊），2012（1）.
③ 杨汝岱. 中国制造企业全要素研究 [J]. 经济研究，2015（2）.
④ De Long J B, Summers L H. Equipment Investment and Economic Growth [J]. The Quarterly Journal of Economics, 1991, 106 (5).
⑤ 安同良，周绍东，皮建. R&D 补贴对中国企业自主创新的激励效应 [J]. 经济研究，2009（10）.
⑥ Schmidt K M. Managerial Incentives and Product Market Competition [J]. Review of Economic Studies, 1997, 64 (2).

1998[1]；毛其淋、许家云，2015[2]）。关于补贴对生产效率产生正向影响的研究主要有两种观点。第一，国家补贴是推动企业快速成长的重要政策手段。一些产业（如新兴产业、高科技产业等）由于起步较晚或是成长需要较长时间，因而补贴往往能缩短其成长过程，促进生产效率提升（Klepper，Graddy，1990[3]；Low，Abrahanmson，1997[4]）。第二，国家补贴是企业内部研发投入的有效补充，是实现知识溢出的重要政策工具，同时可以消除市场中不对称问题，帮助企业获得更多融资的重要政策手段（Narayanan et al.，2000[5]；Feldman，Kelley，2006[6]；Hall，Maffioli，2008[7]）。

当着眼于国家补贴对企业生产效率的影响时，属于"该不该实施国家补贴"或是"补贴效果"的研究范畴。而对于"怎么实施国家补贴"的议题最近几年也受到越来越多的关注。霍夫、梅丽茨等（Hoff，Melitz et al.，1997）[8] 学者从"干中学"角度分析该如何对企业实施国

---

[1] Gwartney J, Lawson R, Holcombe R. The Size and Functions of Government and Economic Growth [R]. Prepared for the Joint Economic Committee, 1998.

[2] 毛其淋，许家云. 政府补贴对企业新产品创新的影响：基于补贴强度"适度区间"的视角 [J]. 中国工业经济. 2015（6）.

[3] Klepper S, Graddy E. The Evolution of New Industries and the Determinants of Market Structure [J]. Rand Journal of Economics, 1990, 21（1）.

[4] Low M, Abrahamson E. Movements, Bandwagons and Clones：Industry Evolution and Process [J]. Journal of Business Venturing, 1997, 12（6）.

[5] Narayanan K, Pinches E, Kelm M, et al. The Influence of Voluntarily Disclosed Qualitative Information [J]. Strategic Management Journal, 2000, 21（7）.

[6] Feldman P, Kelley R. The Ex ante Ante Assessment of Knowledge Spillovers：Government R&D Policy, Economic Incentives & Private Firm Behavior [J]. Research Policy, 2006, 35（10）.

[7] Hall B, Maffioli A. Evaluating the Impact of Technology Development Funds in Emerging Economies：Evidence from Latin America [J]. European Journal of Development Research, 2008, 20（2）.

[8] Hoff K. Bayesian Learning in an Infant Industry Model [J]. Journal of International Economics, 1997（43）：409-436.

家补贴政策，他们认为产业中"干中学"效应会影响最优补贴设计；绍敏、包群（2012）[①] 认为政府补贴力度存在一个临界值，当大于该临界值时政府补贴对生产效率的影响才会有效；黄先海等（2015）[②] 在研究产业补贴政策时发现，国家补贴存在一个最优的实施空间，并对该空间进行了界定，发现补贴制度的变化或成为破解当前产能过剩的一种有效政策手段。

总结以上关于国家政策补贴对企业影响的文献会发现如下几点特征。第一，都是着眼于一个框架下的研究。比如"补贴效果研究"或是"如何实施补贴研究"，在研究国家将对企业进行补贴时，这两类研究往往是统一在一个大的逻辑框架下进行考量的，如果分开讨论将会是片面、局部的。第二，关于"怎么实施国家补贴"方面的文章研究尚少，更待进一步更新相关研究文献。第三，缺乏对比研究方面的文献，即补贴与没有补贴两类企业的对比研究。第四，以上关于补贴对生产效率影响的作用机制都是潜在的假设为线性关系，并未指出是否还存在其他作用机制。

所以在上述研究的基础上，本章将从如下方面对现有文献进行补充。第一，将"如何实施补贴研究"与"补贴效果研究"纳入同一逻辑框架下进行研究，并讨论"过度补贴"带来的"产能过剩"问题。第二，通过对比研究的方法讨论"补贴"与"没有补贴"企业、"过度补贴"与"非过度补贴"企业之间的差异。第三，在研究补贴对生产效率影响的作用机制方面考虑非线性的门槛效应，并对生产效率的补贴合意区间进行估算。第四，对国家补贴与中国海外投资企业的生产效率

---

① 绍敏，包群. 政府补贴与企业生产率［J］. 中国工业经济，2012（7）.

② 黄先海，宋学印，诸竹君. 中国产业政策的最优实施空间界定：补贴效应、竞争兼容与过剩破解［J］. 中国工业经济，2015（4）.

关系进行探索，剖析中国海外投资现状。

第三节　数据描述和变量说明

本章的数据来源于中国企业 OFDI 数据库。通过对中国 1998—2007 年间的 OFDI 企业数据库指标进行匹配、合并、筛选，最终保留了 9770 家对外投资企业，其中选取的指标包括 OFDI 企业的基本特征变量（企业代码、地区、年份、行业、工业产出、工业增加值、固定资产投资、企业补贴、总产出、外商投资、利润总额、对外直接投资、研发、销售总额、国家资本、应付工资总额、从业人数、中间产品、企业持续时间等）。另外，由于本章运用到 DID 和 PSM-DID 两种研究方法，故要对差分指标进行定义和数据整理。具体做法分为两步：第一，企业异质差分，变量 C 表示有国家补贴的 OFDI 企业和没有国家补贴的 OFDI 企业；第二，时间点差分，变量 T 表示 OFDI 企业在补贴前和补贴后，具体变量说明见表 9-1 所示。

表 9-1　主要变量和说明

变量		变量名称	说明
$TFP-OP$		企业生产效率	通过 OP 法测算的企业全要素生产率
Sub	C	补贴异质性（企业）	企业是否有补贴
	T	补贴异质性（时间）	企业补贴前和补贴后

续表

变量	变量名称	说明
Subin	补贴强度	补贴与销售总额之比
Y	产出	企业工业增加值
K	资本投入	固定投资总额
L	劳动投入	从业人数
M	OP 法的自由变量	企业中间投入
I	OP 法的代理变量	当期固定资产投入与年底固定资产投入余额
Exit	OP 法的退出变量	由企业的经营情况决定
W	企业工资	企业工资总额与从业人数之商
Age	企业年龄	统计年与开业时间之差
Fdi	外资资本	外商直接投资
Exs	出口密集度	出口交货值与销售总额之比
F	利润总额	企业利润总额
Soe	是否有国有资本	国有资本大于 0 为 1,等于 0 为 0
Rdin	研发强度	研发投入与销售总额之比
Δ	单差分	ΔΔ	双差分

第四节　中国 OFDI 企业 TFP 的测量——基于 OP 法

　　经典的对全要素生产率的估算首先是从估计生产函数开始的，立文森等（2003）[①] 通过前沿分析、非前沿分析、确定性方法、计量方法等维度的标准对测算 TFP 的方法进行了分类，其中计量方法又包括参数估计法和半参数估计法，OP 方法就归类为半参数估计法。从微观层面说，OP 法是通过寻求一个合适的微观代理变量对企业的 TFP 进行测试的。基于 OP 法估算生产效率主要基于以下几个方面的考虑：其一，代理变量、退出函数等所需要的指标可以从数据库中通过处理而获得；其二，相较于参数估计方法，OP 非参数估计可以避免估计过程中所产生的同时性偏差（simultaneity bias）和样本选择性偏差（selectivity and attrition bias）（鲁晓东、连玉君，2012）[②]。

　　OP 全要素估计法是奥利（Olley，1996）[③]、帕克斯（Pakes，2003）发展的基于一种半参数估计值法（consistent semi-parametric estimator）。该方法的依据是企业根据当前生产率状况会做出相应的投资决策，因此采用当期投资作为不可观测生产率冲击的代理变量（本章采用企业当年的固定资产的损耗，即当期的实际固定投资作为该代理变量）。这样设定的原因是解决估计中的同时性偏差问题。再估计时，根据企业的生

---

① Levinsohn J, Petrin A. Estimating Production Functions Using Inputs to Control for Unobservables [J]. Review of Economic Studies, 2003, 70（2）：317-341.
② 鲁晓东，连玉君. 中国工业企业全要素估算：1999—2007 [J]. 经济学（季刊），2012（1）.
③ Olley S, Pakes. The Dynamics Of Productivity in the Telecommunications Equipment Industry [J]. Econometrica, 1996, 64（6）：1263-1297.

产经营情况选择一个退出变量 Exit[①]，将企业规模和企业年龄作为状态变量。其估计模型如下：

$$\begin{cases} y_{it} = \beta_l * l_{it} + \varphi_{it} + e_{it} \\ \varphi_{it} = \beta_k * k_{it} + h_t(i_{it},\ k_{it}) \end{cases} \tag{9.1}$$

其中 $h_t(i_{it},\ k_{it})$ 是最优投资函数的反函数，由投资和资本存量决定。φ_{it} 表示资本对生产率的贡献，是关于投资和资本的函数。通过对该模型的估计，生产函数中的所有系数会被成功估计得出，根据估计结果可以获取残差的对数值，这也是所需要的全要素生产率的对数值。

一、OP 法估计结论

基于 OP 方法估计的全样本 OFDI 企业（1999—2007 年）的整体生产函数如下：

$$\ln Y = 0.03437^{***}\ln K + 0.102^{***}\ln L \tag{9.2}$$

其它变量诸如状态变量企业年龄、自由变量中间投入、控制变量是否国企、时间、地区、行业等估计情况由于篇幅有限不一一列举。而代理变量当期固定投入和退出变量是过程估计函数，并没有估计参数。通过带入每一个 OFDI 企业当年的实际投入情况则可以成功估计出每个企业实际的全要素生产率 TPF-OP，即可对企业的生产效率进行评估。

通过估计中国整体对外投资企业的生产率情况可知，资本投入弹性和劳动投入弹性分别为 0.034、0.102，即可以看出增加 1% 的资本投入对 OFDI 企业产出增长的提升仅有 0.03%；增加 1% 的劳动投入对 OFDI

[①] 关于企业退出函数的估计，本章是依据微观经济学完全竞争市场理论给出：企业短期利润为负；企业的长期决策则有两种可能，一种是通过调整固定投入转亏为盈，另一种则是无法调整固定投入而获得正的利润而退出市场。在本章中选取了人均利润小于平均可变成本来决定企业是否退出市场。

企业产出增长的提升则有 0.1%。也可以从海外投资的一个侧面说明，投资拉动经济增长的方式对国家或是企业的经济增长已经成效甚微，虽然劳动拉动经济增长还有空间，但是由于中国劳动力供给逐年下降，也不是长久之计。因此，当前 OFDI 企业必须走依赖以创新和科技进步为核心的可持续发展之路，而国家政策的引导无疑是重中之重。就微观层面而言，补贴是国家引导企业的一条重要经济干预手段，而通过补贴后企业的生产效率变化如何，怎么样对企业进行补贴，这都是值得深思和研究的问题。

第五节 实证研究

一、国家补贴对 OFDI 企业生产效率的影响——基于 PSM-DID 的研究

（一）双差分 DID 模型

双差分（DID）也称倍差分法，由卡德、克鲁格（Card，Krueger，1994）首次将其引入经济学研究，是研究政策效果的一项实用方法。本章的研究将国家补贴 Sub 作为双重差分变量，探讨其对 OFDI 企业生产效率的影响，具体的回归模型如下：

$$TFP - OP_{it} = \alpha + \beta_1 C_i + \beta_2 T_{it} + \beta_3 C_i T_{it} + \gamma \sum X_{it} + \varepsilon_t + \varepsilon_i + \varepsilon_{it}$$

$$(9.3)$$

$$C_i = \begin{cases} 1, & \text{有补贴的 } OFDI \text{ 企业} \\ 0, & \text{没有补贴 } OFDI \text{ 企业} \end{cases}$$

$$T_{it} = \begin{cases} 0, & OFDI \text{ 企业补贴前} \\ 1, & OFDI \text{ 企业补贴后} \end{cases}$$

其中，$TFP-OP_{it}$ 为 OFDI 企业生产效率，$\sum X_{it}$ 为一系列影响企业生产效率的控制变量，包括企业年龄、利润率、出口密集度、外商直接投资、中间投入、工资、是否国有、时间、地区、行业等。

（二）PSM-DID 模型

哈克曼（Heckman，1998）、勒文（Leuven，2014）等在 DID 模型的基础上结合倾向匹配得分法（PSM）中的核匹配和 DID 方法，建立基于核匹配的 PSM-DID 模型。该估计方法不仅继承了 PSM 的匹配技术（实现多元匹配，减少控制组和处理组企业的异质性），而且通过双差分剔除时间异质性和企业异质性给被解释变量所带来的影响，从而从数据选择和模型设定两个方面解决估计时所产生的内生性问题。具体的模型如下：

$$\Delta\Delta \widetilde{TFP}-OP = \sum_{j \in T_0}\left[(TFP\_OP_{it1} - \sum_{j \in T_0}w_{ijt0}^{T}TFP\_OP_{jt0}) - \right.$$
$$\left. (\sum_{j \in C1}w_{ijt1}^{C}TFP\_OP_{jt1} - \sum_{j \in C1}w_{ijt0}^{C}TFP\_OP_{jt0})\right] \quad (9.4)$$

其中 $\Delta\Delta \widetilde{TFP}-OP$ 表示 OFDI 企业生产效率指标进行 PSM-DID 后的估计量，w_{ijt}^{C} 表示当和处理组企业 i 进行对比时，在组 G（G=C 或是 T）中的 j 企业所获得的倾向匹配得分权重。该模型的运用是有个假设条件的，在控制变量 $\sum X_i$ 不变的前提下，被解释变量在组间是相互独立的，即 $TFP\_OP_{it} \perp D_i \mid p(w)$，其中 D_i 表示双重差分项（$D=C$ 或 T），$p(w)$ 表示匹配概率，且 $0 \leq \sum p(w) \leq 1$。

（三）匹配效果分析

本文基于倾向得分匹配 PSM 来说明补贴对 OFDI 企业生产效率的影响效果。图 9-1 和图 9-2 分别表示补贴的企业异质性（企业是否有补贴）和时间异质性（企业在补贴前和补贴后）；而横轴 x 表示匹配得分

值（PS），纵轴 y 表示核概率密度；匹配前后表示，进行 PSM 匹配后的
样本前后差异。图 9-1 显示，在匹配前（左边函数图）用于对比研究
的两组 OFDI 企业（有补贴、无补贴）存在较大的异质性（由曲线的拟
合程度分析），如果进行对比回归所得到的统计推断显然是有偏差的；
而经过倾向得分 PSM 匹配后（图 9-1 右边函数图），两类企业间 PS 值
的概率分布已经非常接近，表明二者之间各方面的特征相似，匹配效果
较好，显著缩小了样本的选择误差。同理，从图 9-2 的曲线拟合程度
显示，经过 PSM 匹配后，企业的时间异质性也大大缩小，减少了后续
研究的估计误差。

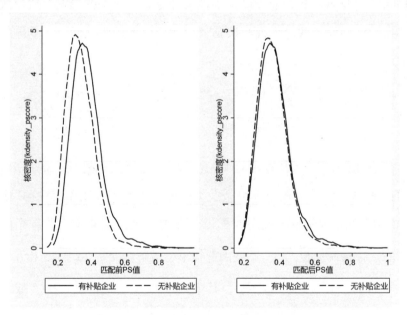

图 9-1　匹配前后国家补贴的企业异质性

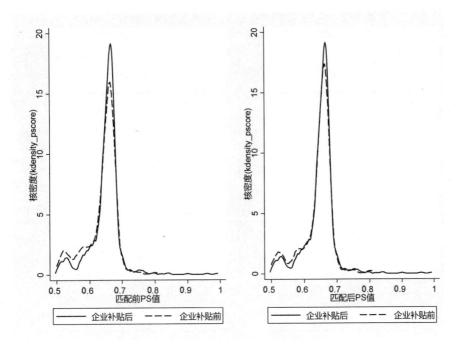

图 9-2 匹配前后国家补贴的时间异质性

（四）基于 PSM-DID 方法的实证研究

在研究补贴对 OFDI 企业生产效率影响的过程中，本章分别对 OFDI 企业全样本（共 9770 家企业）、资源密集型 OFDI 企业（共 946 家 OFDI 企业）、非资源密集型 OFDI 企业（共 8622 家 OFDI 企业）三个样本进行回归。表 9-2 的回归结论显示，补贴对全样本和非资源密集型 OFDI 企业的生产效率存在着显著的负向双差分影响。即全样本条件下，没有得到补贴企业比有补贴企业（没有补贴和有补贴的 OFDI 企业、企业在补贴前和补贴后）的生产效率要高出 0.22 个点；同理，在非资源密集型企业中，没有得到补贴的企业比有补贴的企业的生产效率高出 0.23 个点，而补贴对资源密集型企业没有显著的影响关系。

表 9-2　补贴对 **OFDI** 企业生产效率的影响（**PSM-DID**）

变量		全样本	资源密集型企业	非资源密集型企业
Age		0.017*** (7.27)	0.044*** (3.47)	0.017*** (6.64)
Soe		0.001* (1.86)	0.136 (0.28)	0.672*** (5.53)
Fdi		−0.265 (−1.65)	−0.713 (−0.83)	−0.297* (−1.74)
Exs		0.0455 (0.42)	0.630 (1.22)	0.021 (0.18)
F		4.70e−07* (1.8)	5.23e−06 (1.09)	4.78e−07* (1.78)
W		0.003 (0.69)	−0.012 (−0.45)	0.004 (0.76)
M		−3.13e−08 (−0.73)	−4.16e−07 (−0.8)	−3.60e−08 (−0.81)
Year		是	是	是
Reg		否	否	否
Ind		否	否	否
Sub (C)	Sub	1.497	1.547	1.514
	无 Sub	1.684	1.605	1.692
△Sub (C-diff)		0.187*** (4.55)	0.057 (0.38)	0.177*** (4.12)
Sub (T)	Sub 前	1.608	1.557	1.635
	Sub 后	1.573	1.513	1.580
△Sub (T-diff)		−0.035 (−1.45)	−0.044 (0.089)	−0.055** (−2.16)

变量	全样本	资源密集型企业	非资源密集型企业
△△Sub（DID）	-0.222*** （-4.66）	-0.101 （0.176）	-0.232*** （-4.65）
N	9770	946	8622

注：（1）* $p < 0.10$，** $p < 0.05$，*** $p < 0.01$；（2）被解释变量为 TFP_OP。

关于一些控制变量对企业生产效率的影响方面，无论对哪个样本进行回归，企业年龄对企业生产效率都存在着显著的正向关系，即随着企业年龄的增长企业的生产效率是不断在提升的。而是否国有也对企业生产效率有着不小影响，在全样本和非资源密集型 OFDI 企业中，国有企业往往比非国有企业有更高的生产效率，原因可能是进行海外投资的国有企业代表着中国工业企业最先进的生产率，这些国有企业比其他类型的企业有着更好的资金、技术、人才优势，所以生产效率也比其他企业高，企业利润率对全样本和非资源密集型样本企业也存在显著的正向影响。

综上所述，国家补贴并未在提高 OFDI 企业生产效率方面有显著优势，反而起到阻碍作用。然而本书认为并不能据此说明国家补贴对企业生产效率的影响存在着显著的线性关系，这也许是以偏概全的，必须深入挖掘补贴对企业生产效率的具体作用机制，门槛回归的应用就很好地解释了这个问题。

二、国家补贴合意区间的度量——基于 OFDI 企业生产效率

延续和改进 PSM-DID 模型，建立基于研发强度的补贴对 OFDI 企业生产效率的"双门槛效应模型"：

$$TFP\_OP_{it} = \theta_1 Subin_{it} I(rdin_{it} \leq \eta_1) + \theta_2 Subin_{it} I(\eta_1 < rdin_{it} \leq \eta_2) +$$

$$\theta_3 Subin_{it} I(rdin_{it} > \eta_2) + \alpha \sum X_{it} + \mu_i + \varepsilon_{it} \qquad (9.5)$$

其中, $rdin_{it}$ 为门槛变量, η_1 和 η_2 为待估算的门槛值, $I(\cdot)$ 为指标函数; TFP_OP_{it} 为 OP 全要素生产率, 代表企业生产效率; $Subin_{it}$ 为补贴强度, 是门槛相关变量; $\sum X_{it}$ 为与企业生产效率相关的控制变量, 包括企业年龄、利润率、出口密集度、外商直接投资、中间投入、工资、是否国有、时间、地区、行业等。

基于研发强度门槛变量的检验结果见表 9-3 所示, 结果显示补贴强度对 OFDI 企业生产效率存在着显著的"双门槛效应"且经检验得到的门槛值（表 9-4）和 95% 置信区间的临界值。

表 9-3 门槛检验（bootstrap=300）

门槛	RSS	MSE	F 值	P 值	Crit10	Crit5	Crit1
单门槛	700.6335	0.5164	−255.6959	0.0000	2.6434	3.9047	6.4460
双门槛	698.9362	0.5159	45.6319	0.0000	2.7210	3.7231	7.3012

注：（1）bootstrap 表示自抽样 300 次；（2）RSS 表示残差平方和；（3）MSE 表示标准误差；（4）Crit10、Crit5、Crit1 分别代表置信区间为 10%、5%、1%。

表 9-4 门槛估计（95% 置信区间）

Model	门槛值	下限	上限
Th-1	0.0100	0.0002	0.0698
Th-21	0.0059	0.0002	0.0698

Model	门槛值	下限	上限
Th-22	0.0646	0.0002	0.0745

注：Th-1 表示单门槛模型下所得的门槛估计值，Th-21 表示双门槛模型下所得的第一个门槛估计值，Th-22 表示双门槛模型下所得的第二个门槛估计值。

从表 9-5 中不难看出，补贴强度对 OFDI 企业生产效率存在着基于研发强度的双门槛效应，也就是说补贴强度对企业生产效率存在着显著的非线性关系。具体而言可以分为三个阶段：第一，当补贴强度介于（0，0.0059）之间时，补贴对企业的生产效率没有显著的影响关系；第二，当补贴强度介于（0.0059，0.0646）之间时，补贴对企业生产效率存在着显著的正相关关系，即补贴强度每提高 1%，企业生产效率提高约 3.5%；第三，补贴强度大于 0.0646 时，补贴对企业生产效率没有显著影响。综上三点结论可知，在有补贴的 OFDI 企业中，补贴不足或是过度补贴对于企业的生产效率都没有显著的影响，而恰当的补贴能有效地促进企业生产效率的提高。对此有可能的解释是：其一，正如本章研究内容，企业的生产效率提升存在着一定的门槛，而获得额外的资金支持或有可能使得一些企业跨越这个生产效率门槛；其二，适当的补贴能够有效地促进企业生产效率提升，企业得到了一定激励将激发其生产热情，使得企业更具竞争力；其三，过度的补贴或对企业生产效率没有显著影响，或阻碍其生产效率提升。一方面，高额补贴给企业带来了无须通过节约成本、提高生产效率的信号；另一方面，企业为了获取高额补贴而通过寻租的手段提高企业生产成本，从而大大阻碍生产效率提升。

另外一些控制变量，诸如企业利润率、工资、时间、地区对企业的生产效率存在着显著的影响，而企业年龄、是否国企、外商直接投资、出口密集度、行业等对生产效率的影响并不显著。

表9-5 国家补贴对中国对外投资企业生产效率的双门槛效应

变量	系数	标准误差	T值
Age	0.0016	0.0018	0.8871
Soe	0.0379	0.0680	0.5571
Fdi	−0.2746	0.1795	−1.5299
Exs	0.0512	0.0700	0.7318
F	0.0000***	0.0000	6.3107
W	0.0021*	0.0011	1.8733
M	0.0000	0.0000	0.1053
Subin*I (Subtin<0.0059)	−0.3768	0.5617	−0.6709
Sbuin*I (0.0059<Subin<0.0646)	3.4954***	1.2287	2.8448
Subin*I (Subin>0.0646)	−0.1472	0.2768	−0.5318
Year	是		
Reg	是		
Ind	否		

注：（1）$^*p<0.10$，$^{**}p<0.05$，$^{***}p<0.01$；（2）被解释变量为TFP_OP。

三、过度补贴是否带来低效率、高产能

关于过度补贴是否会给对外投资企业带来产能过剩、降低其生产效率的问题，本章通过对比研究来进行说明。通过倾向匹配方法控制企业多属性特征（多元匹配思想），剔除其他控制变量①的影响，从而得到企业生产效率、产出的变化仅仅是由补贴是否过剩引起的效果。表9-6结论显示：一方面，补贴过剩显著降低了对外投资企业的生产效率，具体而言，补贴过剩降低了 0.0894 的生产效率；另一方面，补贴过剩是对外投资企业产能过剩的主要原因之一，提升了 194317.47 个单位的产能。

表9-6 过度补贴与企业生产效率、产能研究——基于 PSM

补贴是否过剩	生产效率（TFP_OP）均值	产出均值（千元）
0：补贴强度小于 0.0646	1.7460	175393.8800
1：补贴强度大于 0.0646	1.6565	369711.3500
ATT 差异	−0.0894*	194317.4700**

注：（1）0 表示补贴没有过剩，1 表示补贴过剩，该判定由双门槛回归结论获得；（2）ATT 差异表示补贴过剩企业和非过剩企业之间的平均差异，该值是通过倾向得分匹配方法（PSM）获得的。

---

① 匹配的控制变量包括对外投资企业所属行业、企业所属地区代码、企业年龄、企业规模等。

第六节　结论和政策建议

国家补贴是支持和引导企业发展的重要政策手段，该项政策的效果评价一直是决策部门和学术界所关注和热议的问题。近年来由于中国对外投资的不断推进，大量研究数据得以沉淀和更新，为研究国家政策对海外投资企业的扶持和引导效果评估提供了大量可靠的数据支持。本章通过微观层面的企业数据，对近年来中国对外投资的整体生产率进行评估，分析国家补贴政策对其生产率的影响，并得出相关结论和政策建议。

一、相关结论

首先，利用非参数 OP 法估算中国 OFDI 企业的全要素生产率，并得出生产函数方程。估算结论显示，劳动和资本对经济增长的贡献已经小于全要素，预示着对外投资企业的增长方式已经从增加资本和劳动的粗放型发展模式转变为依靠效率和创新的发展模式。其次，通过 PSM-DID 方法对比存在国家补贴和没有补贴的 OFDI 企业显示，现有的国家补贴政策显著抑制了（负向作用）OFDI 企业生产效率的提高。具体而言，国家补贴对整体和非资源类 OFDI 企业存在着显著的负向双差分影响，而对资源类企业的影响是不显著的。再次，已存在补贴的 OFDI 企业为样本研究显示，国家补贴对 OFDI 企业的生产效率影响存在着非线性的双门槛机制，即存在着一个生产效率的补贴合意区间（0.0059，0.0646），只要补贴强度（补贴与销售之比）处于该区间，国家补贴对企业生产效率的影响存在着显著的提升效应，位于该区间外则没有显著的影响关系。最后，通过补贴合意区间研究过度补贴问题。研究发现，过度补贴的 OFDI 企业存在着低效率和高产能的现象，即通过 PSM 方法控制一些影响变量发现，过度补贴是产生低效率和高产能的原因之一。

二、政策建议

近年来的经济数据和研究显示，中国整体经济正进入低增长的调整转型期，以往高投资和劳动红利增长模式已经难以为继。另外，由于国内市场需求和出口拉动经济增长的潜力逐渐耗尽，国家整体经济形势已不容乐观。因此，改变发展思路、探寻新的增长模式是跨越"中等收入陷阱"、跻身高收入国家行列的必由之路。历史和国外经验证明，以效率和创新为内核才是经济增长持久的驱动力。

结合研究背景和本章的相关结论提出以下几点政策建议。第一，国家和企业必须重视生产要素配置问题，单纯靠投资的方式是难以解决当前经济困境的，所以改变以廉价劳动力、高投资驱动的发展模式，让代表着技术进步的全要素在经济变革中发挥应有的作用是当前政策制定者和企业决策者的第一要务。第二，当前的国家补贴政策问题。结论显示，国家补贴对 OFDI 企业生产效率产生了负向抑制作用。其原因可能是国家补贴制度和方式不合理，必须建立一套涵盖哪些企业、怎么发放、如何监督运用、如何效果评估的完备补贴机制，从而更好地使国家补贴能在提升中国对外投资企业生产效率方面发挥其激励作用。第三，国家补贴来源于政府财政，其通过税收等方式获得，它的合理运用可以减少广大劳动人民的辛勤劳作和节约国家自然资源。本章测算的对外投资企业生产效率补贴合意区间可以给决策者提供一定启示。第四，生产效率补贴合意区间的测算不仅可以提升企业的生产效率，而且消除了由过度补贴造成的产能过剩问题。第五，本章的研究有助于深层次地了解国家政策对走出国门的优秀制造业的影响情况，为政府和研究者探测中国经济结构转型期间的成效提供有益借鉴。

第十章

海外投资与创新驱动

第一节　研究背景

就中国 OFDI 企业而论，单纯以资本和劳动要素投入来促增长的粗放型投资方式已经走到尽头了。本章的研究结论显示，每增加 1% 的资本和劳动投入给企业带来的生产率增长已经不足 1%，而如果换作全要素投资，则会带来将近 7% 的生产率增长。由此可见，中国的 OFDI 企业已经迎来了以全要素为主的创新驱动时代。进一步研究发现，企业的对外直接投资能够显著提升创新能力，而提升 0.26% 全要素生产率增长和 0.02% 劳动生产率增长，对资本生产率增长没有显著影响。

大量研究显示，中国如果要避免"中等收入陷阱"，即基于人口红利的低工资制造业经济未能成功转型为基于发明和技术的创新型经济，就必须提高生产率（孔泾源，2011；厉以宁，2012；蔡昉，2013；丁一兵，2014；杨汝岱，2015）。然而本章基于 LP 法计算的全要素生产率（衡量创新的指标之一）显示，中国的创新能力正在不断下降，2010—2014 年间全要素生产率（TFP）对经济增长的贡献仅为 30%，低于

1990—2000 年间的 40% 和 2000—2010 年间的 48%[1]。为破除经济增长困境、释放增长红利，国家和政府于 2015 年 10 月底公布的"十三五"建议就将创新单列，显示了创新重要的战略地位。该建议特别突出供给学派创新，即在创新框架下，鼓励"大众创业、万众创新"以释放新需求，从供给端解决创新难题；企业层面，为破除国际贸易价值链低端锁定，中国企业正大量走出国门，《2011 年度中国对外直接投资统计公报》数据显示，2002—2011 年间，中国海外投资（OFDI）的平均增长速度达 44.6%，其平均流量为 756.5 亿元，占全球当年流量的 5.2%，参与国际竞争以提升自身创新能力已经成为中国企业摆脱"中国制造"、攀升价值链高端的必由之路。创新是企业长久发展和经济增长的主要驱动力，本章从微观企业层面出发，剖析中国对外投资企业的全要素生产率状况，研究对外直接投资对中国企业生产率的影响，为决策者和后续的研究提供一份值得借鉴的宝贵资料。

第二节　海外投资与创新研究概述

索罗（Solow，1957）在研究经济增长的过程中首次提出了全要素生产率（Total Factor Productivity，TFP）[2] 的概念，即表示产出经济增长率扣除劳动和资本贡献后的余额，故又称为"索罗余值"，其主要衡量去除物质资本和劳动力以外的技术进步对生产率增长的贡献，并首次用于对创新的衡量，成为古典学派衡量技术创新的重要指标。其后，对全要素生产率的界定不只包含技术进步，还涉及制度环境、组织创新、生产

---

[1]　该数据是由中国统计年鉴数据库整理计算而得。

[2]　全要素生产率的缩写为 TFP，后面的描述中二者将混合使用。

创新、专业化、企业家才能等（Coe, Helpman, 1995; Lichtenberg, 1998; Massimo, 2008），所以全要素生产率已经成为衡量创新的一个综合性指标。

一、全要素生产率及其测量

现有对全要素生产率的估计方法分为两个大类，一个大类是由查恩斯·库伯（Charnes, Cooper, 1978）以相对效率概念为基础发展起来的数据包络分析法（data envelopment analysis），简称 DEA 法。本章将关注另一种评估法——增长核算法，该方法也称为总量法，其主要关注的是全要素生产率在总体经济当中的作用，广泛应用于国家宏观经济的测量，最典型的研究是索罗余值的求解。早期的研究主要是以时间序列和面板数据的参数估计法为主，包括最小二乘法、固定和随机效应法等。而后随着估计方法的发展，微观企业数据的可获得性增强，微观层面的半参数法也逐渐兴起，该种方法通过加入代理变量的形式来完成对全要素生产率的估计，主要包括 OP 法（Olley, Pakes, 1996）和 LP 法（Levinsohn, Petrin, 2003）。除了以上方法以外，还有诸如广义矩估计 GMM 法（Blundell, Bond, 1998）等方法。

改革开放以来中国经济持续高速发展，对于经济增长率中全要素生产率的贡献研究也相当丰富，已经有大量学者对中国总体全要素生产率进行过估算（舒元，1993；王小鲁，2000；张军，2002；郭庆旺、贾俊雪，2005）。另外，随着中国微观层面的企业数据的统计越来越翔实，近年来不断有研究对中国整体企业的全要素生产率进行过估算（谢千里，2008；Selin Ozyurt, 2009；张杰，2009；鲁晓东、连玉君，2012；范剑勇、冯猛等，2014；杨汝岱，2015）。除了进行全要素生产率的估算外，不少学者还研究了各种经济要素的全要素生产率及其影响。一些学者研究了环境及环境全要素生产率（王兵、吴延瑞等，2010；匡远凤、彭代彦，2012；李小胜、安庆贤，2012；李斌，彭星等，2013）。程惠芳、陆嘉俊（2014）研究了知识资本对生产率全要素生产率的影响。郑世林、葛珺沂（2012）讨论了文化体制改革对全要素生产率的影响，并对文化产业的全要素生产率进行度量。总之，对全要素生产率的估算已经涉及经济的方方面面，本章将重点讨论国际贸易与全要素生产率的关系。

二、国际贸易与全要素生产率

进出口是国际贸易的重要环节，它的变化与全要素生产率关系是值得深究和探讨的（张杰、李勇等，2009；钱学锋、王胜等，2011；简泽、张涛等，2014）。外商直接投资（FDI）对全要素生产率也会产生深远影响（刘舜佳，2008；孙晓华、王昀等，2012；张公嵬、陈翔等，2013；原毅军、谢荣辉，2015）。关于中国对外直接投资（OFDI）与全要素生产率的研究由于数据等原因，研究资料较少。陈景华（2014）运用服务业细分行业的数据研究发现了 OFDI 行为并不存在"生产率悖论"，即 OFDI 降低了全要素生产率；王恕立、向姣姣（2014）运用省级面板数据分析了 OFDI、逆向技术溢出和全要素生产率的关系。蒋冠宏、蒋殿春（2014）的研究发现，企业对外直接投资显著提升了企业生产率。

总结现有文献，由于方法、数据、影响因素选取等方面的原因，关于全要素生产率增长的测算结果也有所不同，主要有如下几个方面的特点。第一，从国家层面结合各自不同的影响因素，对中国的整体全要素生产率进行度量。第二，以中国工业企业数据库为基础，对企业微观层面的全要素生产率进行估算。虽然数据基础相同，由于估算方法、控制变量选取等差异，估算的结果也存在较大差异。第三，对中国对外直接投资对全要素生产率的影响研究仅仅限于宏观层面数据。本章研究思路如下：其一，拟以全要素生产率为创新的代理指标，通过四种方法的比较来测算该指标以分析中国 OFDI 企业的创新现状；其二，通过 PSM-DID 方法剔除企业异质性和时间差异的影响，分析对外直接投资对 OFDI 企业创新的激励作用。

本章的研究将从如下几个方面对现有文献进行补充。第一，沿袭企业层面的研究，本章以中国 1998—2007 年间的对外投资企业为研究对象，对这 10 年间中国对外投资企业的整体全要素生产率进行估算。第二，基于上述估算结果，运用 PSM-DID 方法研究对外直接投资对全要素生产率、资本和劳动生产率的影响，并以此诠释中国对外直接投资对 OFDI 企业创新的意义。第三，全要素生产率度量方法、研究方法的对比，所采取的度量方法包括最小二乘法、面板固定效应法、OP 法和 LP 法，所使用的研究方法包括 DID 和 PSM-DID。

第三节　数据描述和变量说明

本章的数据来源于中国企业 OFDI 数据库。通过对中国 1998—2007 年间的 OFDI 企业数据库指标进行匹配、合并、筛选，最终保留了 25668 家对外投资企业，其中选取的指标（表 10-1）包括 OFDI 企业的基本特征变量（企业代码、地区、年份、行业、工业产出、工业增加值、固定资产投资、企业补贴、总产出、外商投资、对外直接投资、国家资本、应付工资总额、从业人数、中间产品、企业持续时间等）。另外，由于本章运用到 DID 和 PSM-DID 两种研究方法，故要对差分指标进行定义和数据整理。具体做法分为两步：第一，企业异质差分，变量C表示进行OFDI企业和没有进行OFDI企业；第二，时间点差分，变量T表示OFDI投资前和OFDI投资后。该指标的处理标准为，以2004年为时间点，以2004年没有进行OFDI和2005年后进行OFDI相对比，蒋冠宏等（2013）、毛其淋等（2014）认为做这样的处理是因为在2005年之前中国企业还没有进行大规模的OFDI。

表10-1　主要变量和说明①

变量	变量名称	说明
TFP	全要素生产率	总产出中不能由投入要素所解释的"剩余"
TFP-OLS	基于最小二乘法 TFP	由最小二乘法估算而得
TFP-FE	基于面板固定效应模型 TFP	由固定效应模型估算而得
TFP-OP	基于 OP 法 TFP	由 OP 法估算而得
TFP-LP	基于 LP 法 TFP	由 LP 法估算而得
Y	工业增加值	工业增加值
K	固定资本投入	固定资本合计
L	劳动投入	从业人数
Year	年	年份虚拟变量
Ind	行业	行业虚拟变量
Reg	地区	地区虚拟变量
Exit	OP 法的退出变量	由 OFDI 情况所得
Age	OP 法的状态变量	企业年龄

---

① 变量次序是按照文章出现先后进行排序的。

变量		变量名称	说明
I		OP 法的代理变量	固定资产——年末固定资产余额
M		LP 法的代理变量	中间投入
Cap		总资本	总资本
Bt		补贴	补贴
SOE		国企	是否有国家资本
Fdi		外资	是否有外资参与
W		工资	工资
OFDI	C	进行 OFDI	是否进行海外投资
	T	OFDI 时间	海外投资前还是后
△		△单差分	△△双差分
PL_ LP		基于 LP 法的劳动生产率	由 LP 法估算的劳动生产率
KL_ KP		基于 LP 法的资本生产率	由 LP 法估算的资本生产率

第四节　中国 OFDI 企业全要素生产率

一、估计方法和说明

企业的全要素生产率的估算是以国家宏观生产函数为基础的，通常最常用的就是 Cobb-Douglas 生产函数。该函数不仅包括了所要研究要素的全部信息，而且结构简约易用，对规模经济的测度直观、符合常理（鲁晓东、连玉君，2012）。当然，在生产函数的选择上还包括固定替代比例生产函数、里昂惕夫生产函数、超越对数生产函数等，但是由于要素的数据选取问题、函数的复杂程度、软件实现等方面的原因而没有被采用。

本章在 C-D 函数的基础上，利用最小二乘法（OLS）、固定效应法（FE）、OP 法和 LP 法依次对中国工业 OFDI 企业 1998—2007 年间的全要素生产率增长率进行估计。

（一）最小二乘法（OLS）和面板固定效应法（FE）

最小二乘法和固定效应估计中，本章使用的基本模型如下：

$$\ln Y_{it} = \beta_0 + \beta_k \ln K_{it} + \beta_l \ln L_{it} + \sum_m \delta_m Year_m + \sum_n \eta_n Ind_n + \sum_o \eta_o Reg_o + \varepsilon_{it}$$

$$(10.1)$$

其中，Y_{it} 表示企业 i 在 t 年的工业增加值，K 和 L 分别为企业固定资产和从业人员，Year、Ind 和 Reg 分别代表企业年份、行业和地区虚拟变量，ε 表示生产函数中无法体现的随机干扰以及测量误差等因素。按照 TFP 的定义可知：$\ln TFP_{it} = \beta_0 + \varepsilon_{it}$。所以，可以得到 TFP 的增长率为：

$$\ln TFP_{it} = \ln Y_{it} - \beta_k \ln K_{it} - \beta_l \ln L_{it}$$

$$(10.2)$$

OLS 方法虽然估计了样本的生产率基本情况，但是在处理面板数据时难以剔除个体固定效应，所以面板固定效应模型对全要素生产率的估计更为准确。不过 FE 方法也有不足：第一，对样本数据类型有明确要求；第二，FE 只考虑了跨个体的变化，在估计值中无法体现时间变化所带来的影响而遗漏大量信息，使得参数估计值难以体现所要研究的要素影响；第三，企业跨时间不变的假定过于严苛，难以找到类似的微观层面数据，即使研究回归结果也难以令人信服。

（二）Olley-Pakes 法（OP 法）

企业根据当前生产率状况会做出相应的投资决策，因此采用当期投资作为不可观测生产率冲击的代理变量（本章采用固定资产的损耗作为该代理变量），这样设定的原因是解决估计中的同时性偏差问题。再估计时，根据企业的对外投资情况选择一个退出变量 Exit，将企业规模和企业年龄作为状态变量，其估计模型如下：

$$\begin{cases} y_{it} = \beta_l * l_{it} + \varphi_{it} + e_{it} \\ \varphi_{it} = \beta_k * k_{it} + h_t(i_{it},\ k_{it}) \end{cases} \tag{10.3}$$

其中 $h_t(i_{it},\ k_{it})$ 是最优投资函数的反函数，由投资和资本存量决定。φ_{it} 则表示资本对生产率的贡献，是关于投资和资本的函数。

（三）Levinsohn-Petrin 法（LP 法）

根据 OP 法莱文森、彼得林（Levinsohn，Petrin，2003）考虑通过扩大代理变量选择范围来估算全要素生产率。他们认为代理变量的选择不能只局限于投资，还提出了几种检验代理变量适合程度的方法。比如中间产品的投入就是一个很好的代理变量，从数据角度出发该指标比其他指标更易获得。

$$\begin{cases} y_{it} = \beta_l * l_{it} + \varphi_{it} + e_{it} \\ \varphi_{it} = \beta_0 + \beta_k k_t + \beta_m m_t + w_t(k_t,\ m_t) \end{cases} \tag{10.4}$$

其中 m_t 为中间投入，$w_t(k_t,\ m_t)$ 是关于资本存量和中间投入的函数。

总之，OP 法和 LP 法都属于半参数估计法，比起 OLS 和 FE 它们能较好地提供对生产函数的一致估计。

二、估计结果及全要素生产率的获取

(一) 资本和劳动产出弹性

要估计全要素生产率（TFP）必须首先获得劳动和资本产出弹性。本章分别采用上述四种全要素估计方法对中国对外投资企业（OFDI）的资本和劳动的产出系数进行估算，见表10-2所示。结果显示，四种估计方法对于资本和劳动的产出弹性的估计都是显著的。具体分析可以看出，对于中国的 OFDI 企业，OLS 法和 FE 法估计的资本和劳动弹性相当，而半参数法 OP 和 LP 法估计相当。这与鲁晓东、连玉君（2012）等的结论一致。比较分析可以依次对四种估计方法的估计值进行排序，在资本产出弹性方面从大到小依次为 OLS、FE、OP、LP；而劳动产出弹性则是 OLS、FE、LP、OP。由于半参数法在估计上可以很好地解决相互偏差所引起的内生性问题和由于样本选取所产生的选择性偏差问题，因而本章重点考察 OP 法和 LP 法所估计的全要素生产率。

OP 法和 LP 法显示，中国对外 OFDI 企业资本和劳动投入所引起的企业生产率已经很有限了（资本 OP 为 0.0415，LP 为 0.0117；劳动 OP 为 0.1713，LP 为 0.2447），并且劳动的产出弹性大于资本的产出弹性。也就是说根据 LP 方法测算，劳动投入每增加一个百分点，所引起的生产率增长仅为 0.24%；而资本更为可怜，仅为 0.01%。

表 10-2　中国 OFDI 企业——基于 TFP 四种估算方法的资本

和劳动估计（1998—2007 年）

TFP	OLS 法	FE 法	OP 法	LP 法
LnK	0.4304*** （84.11）	0.2178*** （21.87）	0.0415** （2.31）	0.0117*** （13.09）
LnL	0.5752*** （81.41）	0.4822*** （35.49）	0.1713*** （13.36）	0.2447*** （7.56）
lnM			0.6435*** （45.30）	
Age			0.0005 （0.26）	0.0001 （0.13）
Year	是	是	是	是
Ind	是	是	是	是
Reg	是	是	是	是
Proxy （代理变量）			LnI	LnM
N	25668	15012	10574	15003

注：OP 法的方差和 t 值是采用自抽样法（bootstrap）抽样 100 次得出。

三、企业全要素生产率

在获取了资本和劳动的产出弹性后，根据 $\ln TFP_{it} = \ln Y_{it} - \beta_k \ln K_{it} - \beta_l \ln L_{it}$ 可以求出每家 OFDI 企业的全要素生产率。由于企业样本等原因，本章对每一年中国 OFDI 企业的全要素生产率进行加总并算出平均值，计算出每一年 OFDI 全要素生产率的基本情况。图 10-1 显示，四种估计法所估计的 1998—2007 年间中国海外投资（OFDI）企业全要素平均生产率增长情况。结论显示，OLS 和 FE 方法所测得的 OFDI 企业平均全要素增长率在 0—0.5 之间，曲线平缓，且略有下降趋势。而 OP 方法所得到的平均全要素生产率是有显著上升趋势的，从 1998 年的 6.4 增长到 2007 年的 7.2；LP 方法则平缓上升，维持在 7—7.2 的高点。

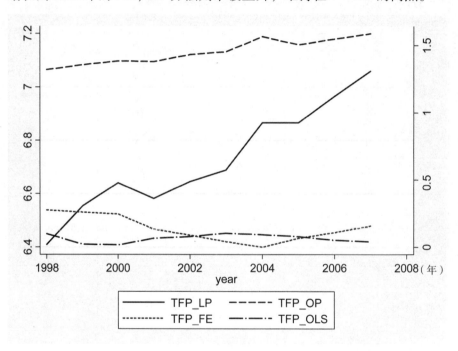

图 10-1 不同估计方法下中国 OFDI 企业生产率增长情况

半参数法（OP、LP）所得的结论显示，在 2007 年中国的 OFDI 企业中，中国企业每增加一个百分点的全要素投入就已经能够带来 7% 的生产率增长。

第五节 中国的对外投资对企业生产率的影响——PSM-DID

在估算完中国 OFDI 企业的全要素生产率之后，本章将基于 PSM-DID 方法研究对外投资是否对企业生产率有提升作用。根据对以上四种全要素估计方法的评估和对比，半参数法由于良好的估计特性将会在进一步的研究中继续使用。企业生产率的构成主要以可见的资本、劳动和不可见的全要素组成，基于 LP 方法计算出资本和劳动产出弹性的同时，可以计算出每一家企业的资本和劳动要素的生产率增长情况。本章通过 PSM-DID 方法分别研究海外投资对三种要素的生产率的影响情况。

一、双差分 DID 模型

本章的研究将 OFDI 作为双重差分变量，探讨其对企业生产率的影响，具体的回归模型如下：

$$TFP_{it} = \alpha + \beta_1 C_i + \beta_2 T_{it} + \beta_3 C_i T_{it} + \gamma \sum X_{it} + \varepsilon_t + \varepsilon_i + \varepsilon_{it}$$

$$(10.5)$$

$$C_i = \begin{cases} 1, \ \text{进行 } OFDI \ \text{企业} \\ 0, \ \text{没有进行 } OFDI \ \text{企业} \end{cases}$$

$$T_{it} = \begin{cases} 1, \ \text{企业 } i \ \text{进行 } OFDI \ \text{后} \\ 0, \ OFDI \ \text{前} \end{cases}$$

其中，TFP_{it} 为全要素生产率，$\sum X_{it}$ 为一系列控制变量，包括了资本 K、劳动 L、补贴 Bt、工资 W、总资本 Cap、虚拟变量（国有 SOE、外资资本 FDI、地区 Reg 和行业 Ind)。

二、PSM-DID 模型

基于核匹配的 PSM-DID 模型,得出具体的模型如下:

$$\Delta\Delta \tilde{TFP} = \sum_{i \in T_i} \left\{ \left[TFP_{it1} - \sum_{j \in T_0} w_{ijt0}^T TFP_{jt0} \right] - \left[\sum_{j \in C1} w_{ijt1}^C TFP_{jt1} - \sum_{j \in C1} w_{ijt0}^C TFP_{jt0} \right] \right\}$$

$$(10.6)$$

其中 $\Delta\Delta \tilde{TFP}$ 表示全要素生产率进行 PSM-DID 后的估计量, w_{ijt}^G 表示当和处理组企业 i 进行对比时,在组 G (G=C 或是 T) 中的 j 企业所获得的倾向匹配得分权重。

该模型的运用是有个假设条件的,在控制变量 $\sum X_i$ 不变的前提下,被解释变量在组间是相互独立的,即 $TFP_{it} \perp D_i \mid p(w)$,其中 D_i 表示双重差分项 ($D = C$ 或 T) , $p(w)$ 表示匹配概率且 $0 \le \sum p(w) \le 1$,所以根据这个假设条件需要做 PSM-DID 协变量平衡检验。检验结果见表 10-3 所示,检验结论显示,经过核匹配后各个变量间在处理组和控制组的分布变得平衡,即均值在两个组别间不存在显著差异,支持 PSM-DID 的应用。

表 10-3　协变量的平衡性检验

Weighted Vars	控制组(mean)	处理组(mean)	差分(Diff)	T 值
K	2.3e+05	2.9e+05	5.5e+04	0.99
L	1472.346	1708.911	236.565	0.84
Cap	7.2e+05	8.4e+05	1.2e+05	0.89

Weighted Vars	控制组（mean）	处理组（mean）	差分（Diff）	T 值
Bt	1162.894	1643.997	481.103	1.26
SOE	0.114	0.124	0.009	0.56
Fdi	0.154	0.152	-0.001	0.07
W	16.708	16.848	0.140	0.22

注：（1）组间核匹配的权重变量差分结果的 t 值是由线性回归得到的；（2）***p<0.01；＊＊p<0.05；＊p<0.1。

三、DID 与 PSM-DID 的实证结论比较

通过研究中国对外投资 OFDI 对企业 TFP＿LP（基于 LP 法的全要素生产率）的影响效果来比较 DID 法与 PSM-DID 法的差异情况。具体回归结果见表 10-4 所示。

DID 方法的研究结论显示，对外投资（OFDI）对企业全要素生产率只存在单差分影响，即 OFDI 前和 OFDI 后差异与进行 OFDI 和不进行 OFDI 差异会影响生产率水平，不过仅是单差分影响；而 PSM-DID 法研究结论显示，OFDI 对企业全要素生产率不仅存在着单差分影响，而且存在着双重差分影响。由于 PSM-DID 方法在差分的时候对控制组与处理组间进行了权重分配，缩小了企业间的异质性，因此该结论的可靠性强于 DID 方法的结论。另外，从结论还发现一个笔者难以解释的现象：基于 DID 方法的控制变量全是显著的，而基于 PSM-DID 模型的控制变量全部不显著。

表10-4 OFDI 对企业 LP 生产率——基于 DID 与 PSM-DID 方法比较

TFP_ LP		DID	PSM-DID
K		−0.000*** (−9.626)	−9.27e-08 (−1.500)
L		0.000*** (17.96)	3.50e-06 (0.702)
Bt		0.000*** (8.985)	8.63e-06 (1.460)
W		0.020*** (27.526)	−0.0002 (−0.080)
Cap		0.000*** (13.861)	3.02e-08 (−12.150)
SOE		是	否
FDI		是	否
Reg		是	否
Ind		是	否
TFP_ LP (C)	OFDI	6.350	6.762
	非 OFDI	6.660	7.127
△TFP_ LP (C-diff)		−0.310*** (4.550)	0.364*** (5.500)
TFP_ LP (T)	OFDI 前	6.371	7.057
	OFDI 后	6.060	7.161
△TFP_ LP (T-diff)		0.228*** (7.070)	0.104*** (2.910)
△△TFP_ LP (DID)		−0.082 (−1.090)	0.261*** (3.470)

四、对外投资对企业三要素生产率 TFP_ LP、PL_ LP、PK_ LP 的影响——PSM-DID

完成 DID 方法与 PSM-DID 方法的对比后，本章将应用 PSM-DID 方法研究对外投资（OFDI）对企业生产率的影响，其中企业生产率是基于 LP 测量方法的三个要素，即全要素生产率（TFP_ LP）、资本生产率（PK_ LP）和劳动生产率（PL_ LP），研究结论见表 10-5 所示。

经过 PSM-DID 方法匹配回归后发现，对外投资（OFDI）对三种要素生产率都存在单差分影响，即进行 OFDI 比不进行 OFDI 显著提升生产率：全要素的提升有 0.3%，资本提升 0.1%，劳动提升 0.04%；而对外投资后也比投资前显著提升生产率：全要素 0.1%，资本 0.07%，劳动 0.02%。剥去企业异质和时间影响因素的双差分结果是对外直接投资（OFDI）对全要素生产率（TFP_ LP）和劳动生产率（PL_ LP）的影响是显著的，企业 OFDI 会有助于企业提升 0.2% 的全要素生产率和 0.02% 的劳动生产率，而对资本生产率毫无影响。

表 10-5　三种全要素生产率的比较——基于 PSM-DID 方法

	TFP_ LP	PK_ LP	PL_ LP
OFDI	6.762	2.410	0.883
非 OFDI	7.127	2.514	0.925
△（C-diff）	0.364*** (5.50)	0.103*** (4.65)	0.042*** (4.26)
OFDI 前	7.057	2.499	0.915
OFDI 后	7.161	2.570	0.935

	TFP_LP	PK_LP	PL_LP
△（T-diff）	0.104*** (2.91)	0.070*** (5.58)	0.020*** (3.58)
△△（DID）	0.261*** (3.47)	0.033 (1.29)	0.022* (1.93)

第六节　结论和政策建议

随着"十四五"规划的出台，涵盖技术进步、企业家才能等创新要素的全要素生产率（TFP）已经成为衡量国家和企业创新重要的指标之一，它的测算备受瞩目。本章的研究意义在于对 OFDI 企业的全要素生产率进行估计，剖析中国企业的创新现状，以此提供一个来自微观层面的证据；对中国对外直接投资效果进行评估，分析企业对外投资是否有利于提高自身创新能力。本章的研究结论归纳为以下几点：

首先，利用四种方法对中国 OFDI 企业的全要素生产率进行估算，估算结果均显示三种要素（资本、劳动、全要素）对整体生产率的增长贡献均显著。从全要素生产率分析，四种估算结果存在着大小差异，最小二乘法（OLS）估算结果最大，其他依次是固定效应法（FE）、OP 法、LP 法。其次，LP 法结果显示代表着创新的全要素生产率所带来的经济增长贡献逐年增加，而以往简单增加资本和劳动的粗放型发展方式给企业生产率所带来的增长已经越来越低，从这一点可以说明中国 OFDI 企业整体向着创新型企业转型。再次，PSM-DID 回归发现，对外直接投资对企业的创新能力是存在显著影响的，即 OFDI 对全要素生产率存在显著的双差分影响。另外，研究发现 OFDI 对劳动生产率存在显著影响，而对资本生产率的影响不显著。最后，通过对 DID 方法和 PSM–DID 方法的研究结论发现，虽然使用的是同样的数据，但是估计的结论是不一样的。理论表明 PSM 通过权重分组、匹配的思想缩小了处理组和对比组的企业异质性，从而较好地解决了内生性问题给回归结论带来的影响，所以比起 DID 的结论，PSM–DID 更为准确可信。

结合研究背景和本章结论提出以下几点政策意见：第一，政府和企业必须重视改善资源配置效率，让全要素在经济变革过程中发挥其应有的作用。第二，国内企业必须抓住历史机遇通过参与国际竞争来提升自身的创新能力。研究结论表明，对外直接投资（OFDI）是显著提升企业创新能力的，而随着"一带一路"倡议的实施和亚投行的建立，国家已经努力为将要走出国门的企业提供了政策保障和资金支持，是中国企业千载难逢的机遇。第三，本章的研究有助于更深层次地理解中国走出国门的优秀制造业的生产率状况和创新动态演变过程，为政府和研究者探测中国经济结构转型成效提供有意义的借鉴。

第十一章

结论与政策建议

　　本章通过结合第三至十章的理论与实证研究内容，总结了包括政策补贴与创新的监管机制研究、补贴的政策效果评估、补贴的量的研究、其他补贴方式与创新关系的研究四个部分的研究结论，并针对各个部分的研究结论给出对策建议，以更好地发挥政策补贴对创新的激励作用。

第一节　主要结论

一、关于政策补贴监管与跨国企业创新机制研究

　　首先，跨国企业的骗取创新补贴的行为会受到违规处罚力度（处罚金额）、地方政府事先和事后监管成功率和第三方举报率（第三方监督力度）的影响，三者相辅相成，共同决定了跨国企业采用骗补策略的比例。其次，通过理论分析发现，地方政府与跨国企业的博弈存在着五种均衡状态且相对于地方政府和整个社会而言，五种均衡状态是有优劣之分的。状态 I 和状态 IV 是不理想的均衡，因为该状态下所有跨国企业对于创新补贴选择骗补策略而不是创新策略；状态 III 和 VI 是理想的均衡，因为该状态下所有跨国企业对于创新补贴选择创新策略而非骗补策略；其中状态 II 和状态 V 为非均衡状态（没有稳定的均衡点），也称过

渡状态。最后，通过针对状态Ⅴ的数值分析发现，地方政府的策略与第
三方举报概率存在凹性的正向关系；另外发现地方政府的事后监管策略
与第三方举报概率存在互补关系。

二、直接补贴的政策评估

通过运用倾向匹配双重差分（PSM-DID）方法对当前跨国企业补
贴的政策效果进行评估。具体结论：第一，就整体样本而言，政策补贴
对OFDI企业的创新存在着显著的负向影响，即有补贴的企业的新产品
创新能力落后于没有补贴的企业。第二，为了深究其原因，本书又进一
步分样本进行研究，研究发现由于海外投资目的不同，资源获取型企业
更关注资源获取，补贴对其新产品创新并未有显著效果，掩盖了整体样
本中补贴对新产品创新的促进作用。第三，分高技术跨国企业和非技术
密集型跨国企业的研究样本发现，政策补贴显著提升高技术跨国企业的
创新水平，而对非技术密集型跨国企业没有显著的影响。

三、政策补贴量的研究——基于政策补贴的双门槛机制

本书通过1998—2007年间中国对外投资企业数据对政策补贴与新
产品创新的关系进行深入探讨，并分析了不同企业性质分样本下政策补
贴对创新的作用。通过方法和模型的验证发现以下一些结论：第一，随
着"走出去"和"一带一路"倡议的推进，中国对外投资（OFDI）也
越来越频繁，呈现逐步上升的趋势。与此同时，本章的相关数据统计显
示中国跨国企业进行新产品创新和研发的意识随着对外投资同步上升。
第二，无论是整体样本还是分国有与非国有样本的研究，都发现政策补
贴对跨国企业新产品创新的影响存在着非线性的双门槛机制，即存在基

于研发强度（企业研发支出占总销售的比例）的两个门槛值组成的补贴合意区间，使得处于或是介于该区间的政策补贴对企业新产品创新有显著的提升作用，补贴合意区间以外的企业则效果不显著。第三，企业性质的不一样会造成政策补贴对企业创新的影响效果差异，主要是在门槛值的量级、补贴的创新效率和补贴合意区间三个方面。

四、政策补贴量的研究——基于不同创新分位水平的研究

近年来由于中国对外投资的不断加深，大量数据得以沉淀和更新，为研究跨国企业的创新和补贴政策的评估提供了有效可靠的数据支持。通过分位数回归技术对政策补贴与创新的关系进行深入分析，运用中国海外投资企业1998—2007年间的数据研究发现：首先，政策补贴对于企业新产品创新的作用会根据跨国企业所处创新阶段而发生变化。具体而言呈现逐渐降低趋势，即政策补贴对处于创新阶段初期的企业作用最大，对处于创新阶段高阶的企业作用最小，甚至无显著影响。其次，当前政策补贴对跨国企业的影响处于正向作用。按投入要素而言，其影响低于企业的研发投入和固定资产投入，高于劳动投入。最后，分跨国投资模式样本的研究发现，第一，当创新阶段处于初期的时候，政策补贴对绿地企业的影响要大于跨国兼并企业，其中跨国兼并企业的补贴创新弹性为负值，其已经阻碍了新产品创新，绿地企业的补贴创新弹性则高于平均水平；第二，当创新阶段处于中期的时候，政策补贴的作用已经趋于稳定且对跨国兼并和绿地企业的影响作用趋近；第三，当创新阶段处于高阶的时候，跨国兼并企业的补贴创新弹性已经逐渐趋近于整体平均值，跨国绿地投资则持续下降。

五、东道国特许权使用费税收优惠对我国跨国企业创新的影响

结合中国海外投资数据与中国同各东道国签订的税收协定数据，实证研究了特许权使用费税收优惠对中国跨国企业创新的影响。研究发现，东道国的特许权使用费税收优惠并未给中国跨国企业带来促进作用，相反，削弱了其研发投入。另外，通过加入政治关联要素的影响发现，政治关联虽然在二者关系上起到了调节作用，但是加剧了该情况的发生频率。

第二节 政策建议

一、结合政策补贴监管与跨国企业创新机制的研究结论提出政策建议

第一，处罚力度、事先和事后监督成功率、第三方监督力度是地方政府与跨国企业博弈状态的决定因素，由地方政府主导，可以通过调整三者使跨国企业将创新补贴应用于创新，从而避免发生骗补行为，就初始状态不同可以根据以下三点进行调整：1. 地方政府可以通过加强监督成功率的改革使得演化路径朝着Ⅰ（跨国企业完全使用骗补策略）→Ⅱ（过渡）→Ⅲ（跨国企业完全使用创新策略）的路径发展；2. 地方政府可以通过加大骗补违规处罚力度使得演化路径朝着Ⅳ（完全骗补）→Ⅴ（过渡）→Ⅵ（完全创新）的路径发展；3. 地方政府可以通过加大对公众创新的宣传力度遏制骗补行为，其演化路径为Ⅳ（完全骗补）→Ⅱ（过渡）→Ⅲ（完全创新）。

第二，研究发现地方政府的事先监管策略选择集合会因为跨国企业骗补策略超额收益和第三方举报概率的提升而受到压缩，即随着二者的增加而使得地方政府的事先选择权受到限制，从而只能选择事后监管策略（骗补事发后再进行弥补）。这样会使得政府财政资源的分（匹）配不合理，违背补贴政策的初衷，让致力于创新的跨国企业对政府的补贴政策产生怀疑，扭曲要素价格，给社会造成恶劣的影响。因此，地方政府要时刻注意对骗补行为的严厉打击，不要因为创新宣传加强举报骗补行为而觉得高枕无忧。

总之，为了促进中国对外投资企业对创新补贴的合理应用，避免国家政府财政资源浪费、扭曲市场价格，在地方政府进行监管的同时，积极引入第三方监督是遏制和解决骗补行为的有力措施。另外，加强政府自身改革，健全企业创新的评测机制是促进创新补贴合理应用的有效途径。

二、结合补贴政策的政策效果评估提出政策建议

第一，针对本章结论发现，补贴政策效果并不理想，建议就当前补贴政策存在的问题进行改革。可以通过总结以下问题进行改革尝试：比如一些企业可以获得多项重复补贴，而一些亟须补贴的企业没达到补贴条件；补贴在所有制性质、行业和规模上具有歧视性，即当前补贴政策更倾向于国有、资源型和规模以上企业，对民营、新兴产业和中小企业补贴甚少。

第二，企业的投资目的不同，所需要的创新激励手段也不一样。研究结论显示，政策补贴对不同投资目的的企业新产品创新的激励效果反应是不一样的，资源型企业的补贴对其创新影响是不敏感的。资源获取型企业由于投资目的、所要面临的东道国人文地理环境复杂、生产条件艰

苦等问题，建议运用间接补贴的方式帮助企业调和与东道国文化的冲突、制度的差异。高技术在创新的过程中发挥着辅助的作用，激励其更好地进行新产品创新，所以建议政策补贴多向高技术行业倾斜。本研究有助于更深层次地理解中国走出国门的优秀制造业的新产品创新状况，为政府和研究者估量中国海外投资成效提供了有意义的借鉴。

三、基于补贴对创新影响的双门槛效应提出政策建议。

第一，现阶段是中国经济转型升级的关键时期，跨国企业的转型升级则是整体经济转型升级、产业结构调整的排头兵，影响后续企业的转型升级，而转型升级的基石就是企业的自主创新，所以以企业的创新绩效作为补贴标准是符合当前企业发展特性的。

第二，中国的对外投资是对外进行技术获取和资源获取的过程，也是向先进企业学习交流的过程，大量研究显示对外投资有利于企业创新。

第三，为了更好、更合理地运用补贴，不造成国家财政资源的浪费。本书就政策补贴对 OFDI 企业新产品创新的双门槛影响，提出"标的补贴"的方案，即以研发强度为标的，政策补贴对研发强度介于合意区间的 OFDI 企业进行倾斜，至于补贴量的多少可以按照补贴对企业创新的边际效应进行度量。

第四，国有与非国有跨国企业的新产品创新效果在政策补贴上是存在一定差异的，所以不能笼统地进行补贴，要根据各自的特点进行补贴。比如国有企业虽然补贴合意区间短，但是政策补贴对创新的影响效果很大，所以可以对达到一定研发强度的国有企业向补贴的量上进行倾斜。非国有企业则在补贴的合意区间上具有优势，所以可以向补贴范围进行倾斜，扩宽非国有企业的补贴条件。

第五，合理的、科学的政策补贴不仅可以精细政策补贴，使得政策补贴对企业创新发挥有效地促进作用，而且可以减除一些传统类型企业对政策补贴的依赖症，重塑企业自身创新机制，有效地促进企业转型升级。

四、通过总结创新分位水平的研究结论可知当前政策补贴所处的困境

第一，对创新阶段的定义。本文以中国跨国企业整体样本，通过新产品创新产出总量从高到低排序，将创新阶段分为 0.1—0.9 这 9 个分位点。

第二，就政策补贴的创新弹性变化趋势而言，政策补贴并不是越多越好，在跨国企业创新初期作用最好，而在创新高阶效果最差，所以政策制定者不宜盲目补贴。

第三，根据创新阶段不同，政策补贴的作用也不一致，所以政策补贴的量要依据企业所处创新阶段做出相应调整。

第四，根据跨国投资模式的研究发现，首先，政府通过补贴对企业的海外兼并进行帮助不一定会取得好的效果。当企业处于创新阶段初阶的时候，企业并没有足够的能力对海外技术、资源和人员进行整合，从而会进一步对企业的创新产生消极影响，高额的补贴不仅会让企业对政府补贴产生依赖行为，而且会对企业的持续发展和国际竞争力产生不良的影响。其次，当跨国兼并企业处于创新阶段高阶的时候，政策补贴影响效果为正值，能够很好地帮助企业对新技术、资源和人员进行整合，但是其影响是有限的，最终只能达到整体样本的政策补贴创新弹性的平均水平。最后，就绿地投资而言，绿地投资企业处于创新阶段初阶的时候正是缺乏资金进行扩张的时候，所以政策补贴更有利于其海外布局，建设子公司进行新产品创新。但是随着创新阶段的提升，政策补贴对创新的影响会持续下降，盲目的海外扩张只会停留在低水平的扩张上，让企业过于臃肿繁杂，不利于企业创新。

综上所述，政策补贴要依据企业的创新发展阶段而制定，这样才会有利于企业的转型升级，更好地促进企业创新。

五、通过东道国特许权使用费税收优惠对创新影响的研究提出政策建议

中国经济正处于转型发展的时期，企业作为转型发展的主要载体对中国经济转型起着决定性的作用，而跨国企业更是中国企业的排头兵，代表着中国最先进的生产力，是中国实现海外战略、经济转型的重要组成部分。但是通过研究发现，中国海外投资并未充分利用海外资源与优惠政策进行转型，而是继续传统的以增加要素投入的发展模式为主，近年来的一些报道还发现一些企业进行海外投资并不是为了资源、技术等促进转型发展的要素，而仅仅是为了一些"免税天堂"的税收优惠。另外，由于中国历史、文化、制度等原因，企业为了改善外部环境往往对政治关联进行投资，虽然在海外一些国家和地区政治关联有利可图，但是过度追求政治关联并不利于跨国企业的创新且有政治投机风险，给跨国企业的形象和声誉带来不良影响。

一些研究显示，由于一些东道国政治经济环境不稳定，中国跨国企业在海外难以开展创新活动。比如在知识产权保护制度不完善的国家进行创新就会有被模仿、被侵权的风险，在政治制度不稳定的国家则难以组织长期投资进行创新。

附录 A 中国高技术行业对外投资企业数量与流量（2014—2017 年）

行业＼年份	2014		2015		2016		2017	
合计	OFDI 总量（亿元）	企业（个）	OFDI 总量（亿元）	企业（个）	OFDI 总量（亿元）	企业（个）	OFDI 总量（亿元）	企业（个）
2710 化学药品原药制造	33.6	30	33.2	31	23.5	25	33.6	29
2720 化学药品制剂制造	241	36	224	38	240	28	240	34
2730 中药饮片加工	7.8	10	7.7	11	8.03	10	7.9	9
2740 中成药制造	30	29	28.3	26	26.8	19	20.6	29
2750 兽用药品制造	—	4	—	5	—	4	—	3
合计	OFDI 总量（亿元）	企业（个）	OFDI 总量（亿元）	企业（个）	OFDI 总量（亿元）	企业（个）	OFDI 总量（亿元）	企业（个）
2760 生物、生化制品制造	57.4	14	77.8	19	84.2	18	65	14

行业 \ 年份	2014		2015		2016		2017	
2770 卫生材料及医药用品制造	1.6	4	1.6	9	1.8	9	—	3
3681 医疗诊断、监护及治疗设备制造	3.3	22	3.2	22	3.29	16	3.3	22
3682 口腔科用设备及器具制造	2	2	2	1	2	1	2	2
3683 实验室及医用消毒设备和器具制造	1.03	4	1.02	4	1.03	4	1.04	4
3684 医疗、外科及兽医用器械制造	1.46	2	1.3	4	1.4	4	1.47	2
3685 机械治疗及病房护理设备制造	—	1	—	—	—	—	—	1
3689 其他医疗设备及器械制造	3	5	10.6	9	10.7	7	—	4
3761 飞机制造及修理	80.6	6	—	—	—	—	300	6
合计	OFDI 总量（亿元）	企业（个）	OFDI 总量（亿元）	企业（个）	OFDI 总量（亿元）	企业（个）	OFDI 总量（亿元）	企业（个）
4011 通讯传输设备制造	3.1	6	3.5	17	1.5	15	2.18	6

续表

年份 行业	2014		2015		2016		2017	
4012 通讯交换设备制造	23.8	97	23.1	107	23.7	106	23.9	97
4013 通讯终端设备制造	1	5	1	7	—	4	1.02	5
4014 移动通信及终端设备制造	6.24	18	59.2	24	60.6	21	6.3	18
4019 其他通信设备制造	43.6	10	42.7	14	50.9	14	45.6	8
4020 雷达及配套设备制造	5	4	—	1	—	1	5	4
4031 广播电视节目制造及发射设备制造	12.8	17	13.6	18	1.08	10	9.43	10
4039 应用电视设备及其他广播电视设备制造	150	2	150	3	223	1	197	2
4041 电子计算机整机制造	798	15	426	14	380	13	760	15
合计	OFDI 总量（亿元）	企业（个）	OFDI 总量（亿元）	企业（个）	OFDI 总量（亿元）	企业（个）	OFDI 总量（亿元）	企业（个）
4042 计算机网络设备制造	—	4	—	4	—	3	—	4

续表

行业＼年份	2014		2015		2016		2017	
4043 电子计算机外部设备制造	23	35	27.2	44	27.9	41	23.2	34
4051 电子真空器件制造	10	6	496	7	—	6	—	6
4052 半导体分立器件制造	12.4	8	11.8	9	11.2	8	12.4	8
4053 集成电路制造	88	12	93.7	17	95	13	86.2	10
4059 光电子器件及其他电子器件制造	13.3	37	61.2	55	50.6	43	13.4	36
4061 电子元件及组件制造	31.8	64	29.3	84	31.8	71	31.8	60
4062 印制电路板制造	187	24	208	28	272	21	304	24
4071 家用影视设备制造	34.8	16	33.7	30	32	24	35.1	16
4072 家用音响设备制造	81.5	12	71.5	17	—	9	81.5	12
合计	OFDI 总量（亿元）	企业（个）	OFDI 总量（亿元）	企业（个）	OFDI 总量（亿元）	企业（个）	OFDI 总量（亿元）	企业（个）
4111 工业自动控制系统装置制造	13.4	17	13.7	25	4.58	18	14.1	19

续表

行业 ＼ 年份	2014		2015		2016		2017	
4112 电工仪器仪表制造	0.2	7	1.58	11	1.25	6	0.2	7
4113 绘图、计算及测量仪器制造	23.1	4	23.1	4	20.8	3	24.9	4
4114 实验分析仪器制造	1.83	8	2.6	10	2.69	7	1.85	8
4115 试验机制造	—	1	—	1	—	1	—	—
4119 供应用仪表及其他通用仪表制造	32	25	3.95	33	36.9	29	32.3	25
4121 环境监测专用仪器仪表制造	—	1	—	—	—	—	—	1
4122 汽车及其他用计数仪表制造	8.35	3	—	—	8	2	8.35	3
4123 导航、气象及海洋专用仪器制造	0.9	4	—	—	9.02	4	0.95	4
4124 农林牧渔专用仪器仪表制造	5.5	5	—	—	5.39	5	5.5	5
合计	OFDI 总量（亿元）	企业（个）	OFDI 总量（亿元）	企业（个）	OFDI 总量（亿元）	企业（个）	OFDI 总量（亿元）	企业（个）
4125 地质勘探和地震专用仪器制造	—	2	—	—	—	3	—	2

续表

行业 \ 年份	2014		2015		2016		2017	
4126 教学专用仪器制造	—	1	—	—	—	—	—	1
4128 电子测量仪器制造	5.06	4	—	—	—	1	5.06	4
4129 其他专用仪器制造	—	—	—	—	0.48	4	—	—
4141 光学仪器制造	0.73	12	0.72	15	0.3	7	0.73	12
4151 复印和胶印设备制造	1	3	1	3	1	3	1	3
4155 计算器及货币专用设备制造	0.35	4	0.33	4	0.36	2	0.35	4

数据来源：根据《中国境外投资企业（机构）名录》整理而得。

附录 B 中国与世界各国签署《关税协定》时间与特许权使用费税收优惠

国家和地区	签署日期	生效日期	执行日期	特许权使用费税率
日本	1983.09.06	1984.06.26	1985.01.01	<10%
美国	1984.04.30	1986.11.21	1987.01.01	7%
法国	1984.05.30	1985.02.21	1986.01.01	6%
英国	2011.06.27	2013.12.13	2014.01.01（中），2014.04.06（英）	7%
比利时	1985.04.18	1987.09.11	1988.01.01	6%
德国	2014.03.28	2016.04.06	2017.01.01	7%
马来西亚	1985.11.23	1986.09.14	1987.01.01	<10%
挪威	1986.02.25	1986.12.21	1987.01.01	<10%
丹麦	1986.03.26	1986.10.22	1987.01.01	<10%

国家和地区	签署日期	生效日期	执行日期	特许权使用费税率
新加坡	2007.07.11	2007.09.18	2008.01.01	<10%
加拿大	1986.05.12	1986.12.29	1987.01.01	<10%
芬兰	1986.05.12	1987.12.18	1988.01.01	<10%
瑞典	1986.05.16	1987.01.03	1987.01.01	<10%
新西兰	1986.09.16	1986.12.17	1987.01.01	<10%
泰国	1986.10.27	1986.12.29	1987.01.01	<10%
意大利	1986.10.31	1989.11.14	1990.01.01	<10%
荷兰	1987.05.13	1988.03.05	1989.01.01	<10%
波兰	1988.06.07	1989.01.07	1990.01.01	<10%
澳大利亚	1988.11.17	1990.12.28	1991.01.01	<10%
南斯拉夫	1988.12.02	1989.12.16	1990.01.01	<10%
保加利亚	1989.11.06	1990.05.25	1991.01.01	<10%
巴基斯坦	1989.11.15	1989.12.27	1989.01.01	<10%
科威特	1989.12.25	1990.07.20	1989.01.01	<10%
瑞士	1990.07.06	1991.09.27	1990.01.01	<10%
塞浦路斯	1990.10.25	1991.10.05	1992.01.01	<10%
西班牙	1990.11.22	1992.05.20	1993.01.01	<10%

续表

国家和地区	签署日期	生效日期	执行日期	特许权使用费税率
罗马尼亚	1991.01.16	1992.03.05	1993.01.01	8%
奥地利	1991.04.10	1992.11.01	1993.01.01	<10%
巴西	1991.08.05	1993.01.06	1994.01.01	<10%
蒙古	1991.08.26	1992.06.23	1993.01.01	<10%
匈牙利	1992.06.17	1994.12.31	1995.01.01	<10%
马耳他	1993.02.02	1994.03.20	1995.01.01	<10%
阿联酋	1993.07.01	1994.07.14	1995.01.01	<10%
卢森堡	1994.03.12	1995.07.28	1996.01.01	<10%
韩国	1994.03.28	1994.09.27	1995.01.01	<10%
俄罗斯	2014.10.13	2016.04.09	2017.01.01	<10%
巴布亚新几内亚	1994.07.14	1995.08.16	1996.01.01	<10%
印度	1994.07.18	1994.11.19	1995.01.01	<10%
毛里求斯	1994.08.01	1995.05.04	1996.01.01	<10%
克罗地亚	1995.01.09	2001.05.18	2002.01.01	<10%
白俄罗斯	1995.01.17	1996.10.03	1997.01.01	<10%
斯洛文尼亚	1995.02.13	1995.12.27	1996.01.01	<10%

续表

国家和地区	签署日期	生效日期	执行日期	特许权使用费税率
以色列	1995.04.8	1995.12.22	1996.01.01	<10%
越南	1995.05.17	1996.10.18	1997.01.01	<10%
柬埔寨	2016.10.13	尚未生效		
土耳其	1995.05.23	1997.01.20	1998.01.01	<10%
乌克兰	1995.12.04	1996.10.18	1997.01.01	<10%
亚美尼亚	1996.05.05	1996.11.28	1997.01.01	<10%
牙买加	1996.06.03	1997.03.15	1998.01.01	<10%
冰岛	1996.06.03	1997.02.05	1998.01.01	<10%
立陶宛	1996.06.03	1996.10.18	1997.01.01	<10%
拉脱维亚	1996.06.07	1997.01.27	1998.01.01	<10%
乌兹别克斯坦	1996.07.03	1996.07.03	1997.01.01	<10%
孟加拉国	1996.09.12	1997.04.10	1998.01.01	<10%
苏丹	1997.05.30	1999.02.09	2000.01.01	<10%
马其顿	1997.06.09	1997.11.29	1998.01.01	<10%
埃及	1997.08.13	1999.03.24	2000.01.01	<10%
葡萄牙	1998.04.21	2000.06.07	2001.01.01	<10%

续表

国家和地区	签署日期	生效日期	执行日期	特许权使用费税率
爱沙尼亚	1998.05.12	1999.01.08	2000.01.01	<10%
老挝	1999.01.25	1999.06.22	2000.01.01	<10%
塞舌尔	1999.08.26	1999.12.17	2000.01.01	<10%
菲律宾	1999.11.18	2001.03.23	2002.01.01	<10%
爱尔兰	2000.04.19	2000.12.29	2001.01.01	<10%
南非	2000.04.25	2001.01.07	2002.01.01	<10%
巴巴多斯	2000.05.15	2000.10.27	2001.01.01	<10%
摩尔多瓦	2000.06.07	2001.05.26	2002.01.01	<10%
卡塔尔	2001.04.02	2008.10.21	2009.01.01	<10%
古巴	2001.04.13	2003.10.17	2004.01.01	8%
委内瑞拉	2001.04.17	2004.12.23	2005.01.01	<10%
尼泊尔	2001.05.14	2010.12.31	2011.01.01	<10%
哈萨克斯坦	2001.09.12	2003.07.27	2004.01.01	<10%
印度尼西亚	2001.11.07	2003.08.25	2004.01.01	<10%
阿曼	2002.03.25	2002.07.20	2003.01.01	<10%
尼日利亚	2002.04.15	2009.03.21	2010.01.01	<10%
突尼斯	2002.04.16	2003.09.23	2004.01.01	5%

续表

国家和地区	签署日期	生效日期	执行日期	特许权使用费税率
伊朗	2002.04.20	2003.08.14	2004.01.01	<10%
巴林	2002.05.16	2002.08.08	2003.01.01	<10%
希腊	2002.06.03	2005.11.01	2006.01.01	<10%
吉尔吉斯斯坦	2002.06.24	2003.03.29	2004.01.01	<10%
摩洛哥	2002.08.27	2006.08.16	2007.01.01	<10%
斯里兰卡	2003.08.11	2005.05.22	2006.01.01	<10%
特立尼达和多巴哥	2003.09.18	2005.05.22	2005.01.01	<10%
阿尔巴尼亚	2004.09.13	2005.07.28	2006.01.01	<10%
文莱	2004.09.21	2006.12.29	2007.01.01	<10%
阿塞拜疆	2005.03.17	2005.08.17	2006.01.01	<10%
格鲁吉亚	2005.06.22	2005.11.10	2006.01.01	8%
墨西哥	2005.09.12	2006.03.01	2007.01.01	<10%
沙特阿拉伯	2006.01.23	2006.09.01	2007.01.01	<10%
阿尔及利亚	2006.11.06	2007.07.27	2008.01.01	<10%
塔吉克斯坦	2008.08.27	2009.03.28	2010.01.01	<10%

续表

国家和地区	签署日期	生效日期	执行日期	特许权使用费税率
埃塞俄比亚	2009. 05. 14	2012. 12. 25	2013. 01. 01	<10%
土库曼斯坦	2009. 12. 13	2010. 05. 30	2011. 01. 01	<10%
捷克	2009. 08. 28	2011. 05. 04	2012. 01. 01	<10%
赞比亚	2010. 07. 26	2011. 06. 30	2012. 01. 01	<10%
叙利亚	2010. 10. 31	2011. 09. 01	2012. 01. 01	<10%
乌干达	2012. 01. 11	尚未生效		
博茨瓦纳	2012. 04. 11	尚未生效		
厄尔多瓦	2013. 01. 21	2014. 03. 06	2015. 01. 01	<10%
智利	2015. 05. 25	2016. 08. 08	2017. 01. 01	<10%
津巴布韦	2015. 12. 01	2016. 09. 29	2017. 01. 01	<10%
香港特别行政区	2006. 08. 21	2006. 12. 08	2007. 01. 01（内） 2007. 04. 01（港）	7%
澳门特别行政区	2003. 12. 27	2003. 12. 30	2004. 01. 01	7%
台湾地区	2015. 08. 25	尚未生效		

数据来源：根据国家税务总局数据整理而得。

参考文献

中文专著

[1] 陈振明．政策科学［M］．北京：中国人民大学出版社，1998.

[2] 陈庆云．公共政策分析［M］．北京：北京大学出版社，2006.

[3] 盛昭瀚，蒋德鹏．演化经济学［M］．上海：上海三联书店，2002.

[4] 张晓强．中国高新技术产业发展年鉴：2012［M］．北京：北京理工大学出版社，2012.

网络新闻

[1] 巴里·诺里斯．中国经济已过巅峰？［EB/OL］．FT中文网，（2015-12-25）［2016-07-05］．http：//www. jiupaicn. com/2015/1215/18098. html.

报纸

[1] 蔡昉．中国制造业何去何从？［N］．21世纪经济报道，2012-03-21（003）［2016-07-05］．

期刊

[1] 颜光华，袁红林，林明．从知识视角看海外企业的治理与控制 [J]．当代财经，2004（2）：67-70.

[2] 黄永明，何伟．技术创新的税收激励：理论与实践 [J]．财政研究，2006（10）：47-49 [3] 笪素林，钱钢．中国政府监管机制的现状与理论构建 [J]．现代经济探索，2006（10）：51-53.

[4] 谢平，邹传伟．互联网金融模式研究 [J]．金融研究，2012（12）：11-22.

[5] 苏颖，芮正云．互联网金融发展与政府监管体系催生——基于演化博弈视角 [J]．财会通讯，2015（11）：19-22.

[6] 付小勇，朱庆华，窦一杰．政府管制下处理商选择拆解方式的演化博弈研究 [J]．中国人口·资源与环境，2012，22（1）：70-76.

[7] 戚湧，张明，丁刚．政府监管与科技资源共享群体之间的演化博弈研究 [J]．科技进步与对策，2013，30（3）：12-15.

[8] 卢业凯．惠农补贴资金监管中存在的常见问题及对策 [J]．财会学习，2016（23）：184-186.

[9] 周金理．论农发行对粮改中财政补贴资金的有效监管 [J]．金融理论与实践，2003（10）：46-47.

[10] 丁继红，朱铭来．试论我国医疗保险制度改革与医疗费用增长的有效控制 [J]．南开经济研究，2004（4）：96-99.

[11] 蔡江南，胡苏云，黄丞，等．社会市场合作模式：中国医疗卫生体制改革的新思路 [J]．世界经济文汇，2007（1）：1-9.

[12] 吕本友．医疗体制改革中政府管制途径和方式的研究 [J]．管理评论，2008，20（8）：50-54.

[13] 孟卫军，张子健.供应链企业间产品创新合作下的政府补贴策略 [J].系统工程学报，2010，25 (3)：359-364.

[14] 生延超.创新投入补贴还是创新产品补贴：技术联盟的政府策略选择 [J].中国管理科学，2008，16 (6)：184-192.

[15] 刘楠，杜跃平.政府补贴方式选择对企业研发创新的激励效应研究 [J].科技进步与对策，2005，22 (11)：18-19.

[16] 陈莞，谢富纪.创新的直接性政府补贴设计与运用 [J].科技管理研究，2009，29 (5)：6-7.

[17] 杨剑，李勇军，梁樑.考虑效率与公平的政府研发补贴分配的 DEA 模型 [J].软科学，2012，27 (7)：48-51.

[18] 邢怀滨，苏竣.公共科技政策分析的理论进路：评述与比较 [J].公共管理学报，2005，2 (4)：42-51.

[19] 郑绪涛，柳剑平.R&D 活动的溢出效应、吸收能力与补贴政策 [J].中国软科学，2011 (11)：52-63.

[20] 鞠晓生，卢荻，虞义华.融资约束、营运资本管理与企业创新可持续性 [J].经济研究，2013 (1)：4-16.

[21] 余长林，王瑞芳.发展中国家的知识产权保护与技术创新：只是线性关系吗? [J].当代经济科学，2009，31 (3)：92-100.

[22] 陆国庆，王州，张春宇.中国战略性新兴产业政府创新补贴的绩效研究 [J].经济研究，2014，49 (7)：44-55.

[23] 毛其淋，许家云.政府补贴对企业新产品创新的影响：基于补贴强度"适度区间"的视角 [J].中国工业经济，2015 (6)：94-107.

[24] 肖美凤，唐清泉，刘虹.R&D 补贴对企业 R&D 支出的激励与挤出效应：基于中国上市公司数据的实证分析 [J].经济管理，

2012（4）：19-28.

[25] 郭晓丹，何文韬. 战略性新兴产业政府 R&D 补贴信号效应的动态分析 [J]. 经济学动态，2011（9）：88-93.

[26] 邵敏，包群. 政府补贴与企业生产率：基于我国工业企业的经验分析 [J]. 中国工业经济，2012（7）：70-82.

[27] 傅利平，李永辉. 政府补贴、创新能力与企业存续时间 [J]. 科学学研究，2015, 33（10）：1496-1503, 1495.

[28] 崔静静，程郁. 孵化器税收优惠政策对创新服务的激励效应 [J]. 科学学研究，2016, 34（1）：30-39.

[29] 李汇东，唐跃军，左晶晶. 用自己的钱还是用别人的钱创新：基于中国上市公司融资结构与公司创新的研究 [J]. 金融研究，2013（2）：170-183.

[30] 谢识予. 有限理性条件下的进化博弈理论 [J]. 上海财经大学学报，2001, 3（5）：3-9.

[31] 张良桥，冯从文. 理性与有限理性：论经典博弈理论与进化博弈理论之关系 [J]. 世界经济，2001, 24（8）：74-78.

[32] 易余胤，盛昭瀚，肖条军. 企业自主创新、模仿创新行为与市场结构的演化研究 [J]. 管理工程学报，2005, 19（1）：14-18.

[33] 郭本海，方志耕，刘卿. 基于演化博弈的区域高能耗产业退出机制研究 [J]. 中国管理科学，2012, 20（4）：79-85.

[34] 刘德海. 环境污染群体性突发事件的协同演化机制：基于信息传播和权力博弈的视角 [J]. 公共管理学报，2013（4）：102-113, 142.

[35] 于斌斌，余雷. 基于演化博弈的集群企业创新模式选择研究 [J]. 科研管理，2015, 36（4）：30-38.

［36］商淑秀，张再生．虚拟企业知识共享演化博弈分析［J］．中国软科学，2015（3）：150-157.

［37］颜光华，袁红林，林明．从知识视角看海外企业的治理与控制［J］．当代财经，2004（2）：67-70.

［38］张建清，孙元元．进口贸易和 FDI 技术溢出的比较研究：基于技术溢出内生性的实证检验［J］．世界经济研究，2011（12）：51-58，85-86.

［39］潘文卿，李子奈，刘强．中国产业间的技术溢出效应：基于35 个工业部门的经验研究［J］．经济研究，2011（7）：18-29.

［40］刘洪钟，齐震．中国参与全球生产链的技术溢出效应分析［J］．中国工业经济，2012（1）：68-78.

［41］赵中华，鞠晓峰．技术溢出、政府补贴对军工企业技术创新活动的影响研究：基于我国上市军工企业的实证分析［J］．中国软科学，2013（10）：124-133.

［42］王俊．跨国外包体系中的技术溢出与承接国技术创新［J］．中国社会科学，2013（9）：108-125，206-207.

［43］何兴强，欧燕，史卫，等．FDI 技术溢出与中国吸收能力门槛研究［J］．世界经济，2014，37（10）：52-76.

［44］沈悦，郭品．互联网金融、技术溢出与商业银行全要素生产率［J］．金融研究，2015（3）：160-175.

［45］魏守华，姜宁，吴贵生．本土技术溢出与国际技术溢出效应：来自中国高技术产业创新的检验［J］．财经研究，2010，36（1）：54-65.

［46］朱彤，崔昊．对外直接投资、逆向技术溢出与中国技术进步［J］．世界经济研究，2012（10）：60-67，86，89.

[47] 揭水晶，吉生保，温晓慧. OFDI 逆向技术溢出与我国技术进步：研究动态及展望 [J]. 国际贸易问题，2013（8）：161-169.

[48] 尹建华，周鑫悦. 中国对外直接投资逆向技术溢出效应经验研究：基于技术差距门槛视角 [J]. 科研管理，2014（3）：131-139.

[49] 李梅，袁小艺，张易. 制度环境与对外直接投资逆向技术溢出 [J]. 世界经济研究，2014（2）：61-66，74，89.

[50] 王恕立，向姣姣. 对外直接投资逆向技术溢出与全要素生产率：基于不同投资动机的经验分享 [J]. 国际贸易问题，2014（9）：109-119.

[51] 董有德，孟醒. OFDI、逆向技术溢出与国内企业创新能力：基于我国分价值链数据的检验 [J]. 国际贸易问题，2014（9）：120-129.

[52] 欧阳艳艳. 中国对外直接投资逆向技术溢出的影响因素分析 [J]. 世界经济研究，2010（4）：66-71，89.

[53] 沙文兵. 对外直接投资、逆向技术溢出与国内创新能力：基于中国省际面板数据的实证研究 [J]. 世界经济研究，2012（3）：69-74，89.

[54] 沙文兵. 东道国特征与中国对外直接投资逆向技术溢出：基于跨国面板数据的经验研究 [J]. 世界经济研究，2014（5）：60-65，73，89.

[55] 林润辉，李康宏，周常宝，等. 企业国际化多样性、国际化经验与快速创新：来自中国企业的证据 [J]. 研究与发展管理，2015，27（5）：110-121，136.

[56] 张杰，芦哲，郑文平，等. 融资约束、融资渠道与企业 R&D 投入 [J]. 世界经济，2012（10）：66-90.

[57] 王小鲁，樊纲，刘鹏．中国经济增长方式转换和增长可持续性 [J]．经济研究，2009，44（1）：4-16.

[58] 唐未兵，傅元海，王展祥．技术创新、技术引进与经济增长方式转变 [J]．经济研究，2014，49（7）：31-43.

[59] 戴晨，刘怡．税收优惠与财政补贴对企业 R&D 影响的比较分析 [J]．经济科学，2008（3）：58-71.

[60] 匡小平，肖建华．我国自主创新能力培育的税收优惠政策整合：高新技术企业税收优惠分析 [J]．当代财经，2008（1）：23-27.

[61] 赵增耀，王喜．产业竞争力、企业技术能力与外资的溢出效应：基于我国汽车产业吸收能力的实证分析 [J]．管理世界，2007（12）：58-66.

[62] 唐书林，肖振红，苑婧婷．上市公司自主创新的国家激励扭曲之困：是政府补贴还是税收递延？ [J]．科学学研究，2016，34（5）：744-756.

[63] 陈菲琼，陈珧，李飞．技术获取型海外并购中的资源相似性、互补性与创新表现：整合程度及目标方自主性的中介作用 [J]．国际贸易问题，2015（7）：137-147.

[64] 冯海红，曲婉，李铭禄．税收优惠政策有利于企业加大研发投入吗？[J]．科学学研究，2015，33（5）：665-673.

[65] 朱平芳，徐伟民．政府的科技激励政策对大中型工业企业 R&D 投入及其专利产出的影响：上海市的实证研究 [J]．经济研究，2003（6）：45-53.

[66] 罗党论，刘晓龙．政治关系、进入壁垒与企业绩效：来自中国民营上市公司的经验证据 [J]．管理世界，2009（5）：97-106.

[67] 张敏，张胜，申慧慧，等．政治关联与信贷资源配置效率：来

自我国民营上市公司的经验证据 [J]．管理世界，2010（11）：145-153．

[68] 梁莱歆，冯延超．民营企业政治关联、雇员规模与薪酬成本 [J]．中国工业经济，2010（10）：127-137．

[69] 薛爽，肖星．捐赠：民营企业强化政治关联的手段？ [J]．财经研究，2011，37（11）：102-112．

[70] 李维安，徐业坤．政治身份的避税效应 [J]．金融研究，2013（3）：114-129．

[71] 田利辉，张伟．政治关联影响我国上市公司长期绩效的三大效应 [J]．经济研究，2013（11）：71-86．

[72] 李传宪，干胜道．政治关联、补贴收入与上市公司研发创新 [J]．科技进步与对策，2013，30（13）：102-105．

[73] 李维安，李浩波，李慧聪．创新激励还是税盾：高新技术企业税收优惠研究 [J]．科研管理，2016（11）：61-70．

英文专著

[1] BOWLES S. Microeconomics：Behavior, institution and evolution [M]．Princeton：Princeton University Press，2004．

[2] VEDUNG E. Public policy and program evaluation [M]．New Brunswick（USA）and London（UK）：Transaction Publishers，1997．

[3] FELDMAN M P，LINK A N. Innovation Policy in the Knowledge-Based Economy for Public Policy [M]．Amsterdam：Cluwer Academic Publisher，2001：73 -74．

[4] LIN J Y. Economic development and transition：Thought，strategy，and viability [M]．Cambridge：Cambridge University Press，2009．

[5] MARSHALL A. Principles of Economics（8th Edition）[M]．

London：Macmillan，1948.

［6］WEIBULL W. Evolutionary Game Theory［M］. Cambridge： MIT Press，1995.

［7］CRESSMAN R. The Stability Concept of Evolutionary Game Theory：a Dynamic Approach［M］. Berlin Heidelberg：Springer，1992.

［8］SAMUELSON L. Evolutionary Games and Equilibrium Selection ［M］. Cambridge：MIT Press，1997.

［9］LIN J Y. Economic development and transition：Thought，strategy，and viability ［M］. Cambridge：Cambridge University Press，2009.

会议论文

［1］PIRIC A，REEVE N. Ev aluation of Public Investment in R&D— toward(s) a contingency analysis ［C］. //Policy Evaluation in Innovation and Technology ： tow ard Best Practices （OECD）Proceedings. OECD，1997：49-64.

［2］GEORGHIOU L. Issues in the evaluation of innovation and technol- ogy policy ［C］. //Policy Evaluation in Innovation and Technology ： tow ard Best Practices （OECD Proceedings）. OECD，1997：19-33.

学术论文

［1］NASH J. Non-Cooperative Games［D］. New Jersey ：Princeton University，1950.

期刊

［1］SAMUELSON L. Evolution and game theory［J］. Journal of Economic Perspective, 2002 (16): 47-66.

[2] CHEUNG M, ZHUANG J. Regulation Games Between Government and Competing Companies: Oil Spills and Other Disasters [J]. Decision Analysis, 2012, 9 (2): 156-164.

[3] SANTAMARIA L, BARGE-GIL A. Public Selection and Financing of R&D Cooperative Projects: Credit Versus Subsidy Funding [J]. Research Policy, 2010, 39 (4): 549-563.

[4] BLUM U, KALUS F. Auctioning Public Financial Support Incentives [J]. International Journal of Technology Management, 2003, 26 (2/3/4): 270-276.

[5] LORENTZ A, SAVONA M. Structural change and business cycles: An evolutionary approach [J]. Papers on Economics and Evolution, 2010, 21 (3): 118-139.

[6] CHEN K H. A bolometric investigation of research performance in emerging [J]. Journal of Informatics, 2011, 5 (2): 233-247.

[7] ADNE CAPPELEN, RAKNERUD A, RYBALKA M. The Effects of R&D Tax Credits on Patenting and Innovations [J]. Research Policy, 2012, 41 (2): 334-345.

[8] ROOLE, A A. Does Public Scientific Research Complement Private Research and Development Investment in the Pharmaceutical Industry [J]. The Journal of Law and Economics, 2007, 50 (1): 81-104.

[9] BLANES J V, BUSOM I. Who Participates in R&D Subsidy Programs? The Case of Spanish Manufacturing Firms [J]. Research Policy, 2004 (33): 1459-1476.

[10] MCADAM M, MCADAM R. High tech start-up's in university

science park incubators: The relationship between the start – up's lifecycle progression and use of the incubator's resources [J]. Technovation, 2008, 28 (5): 277-290.

[11] LIN J Y, MONGA C. Growth identification and facilitation: The role of the state in the dynamics of structural change [J]. Social Science E-lectronic Publishing, 2010, 29 (3): 259-310.

[12] BLOOM N, GRIFFITH R, VAN REENEN J. Do R&D tax credits work? Evidence from a panel of countries 1979-1997 [J]. Journal of Public Economics, 2002, 85 (1): 1-35.

[13] SUN Y. Impact of tax incetives on the innovation performance in enterprise [J]. Jounal of Shanghai Economic Management College, 2015, 13 (4): 46-56.

[14] ZHU P F, XU W M. The impact of government's S&T incentive policy on the R&D input and patent output of large and medium – sized indus-trial enterprises in Shanghai [J]. Economic Research Journal, 2003, (6): 45-53.

[15] LUO M X, MA Q H, HU Y B. Political connection and firm technological innovation performance—A study on the mediating role of R&D investment [J]. Studies in Science of Science, 2013, 31 (6): 938-947.

[16] HE J Q, LI S M, ZHOU X C. Political connection of private bus-inessmen, loan funding and firm value [J]. Finance & Economics, 2013 (1): 83-91.

[17] LUO D L, LIU X L. Political connection, barriers to entry and firm performance: Empirical evidence from Chinese private listing corporations [J]. Management World, 2009 (5): 97-106.

[18] LI W A, XU Y K. Tax avoidance effect of political identity [J].
Journal of Financial Research, 2013 (3): 114–129.

[19] BAKOUROS Y L, MARDAS D C, VARSAKELIS N C. Science
park, a high tech fantasy? Ananalysis of the science parks of Greece [J].
Technovation, 2002, 22 (2): 123–128.

[20] ALCHIAN A. Uncertainty, Evolution and Economic Theory [J].
Journal of Political Economy, 1950 (58): 211–222.

[21] MAYNARD SMITH J. The Theory of Games and the Evolution of
Animal Conflict [J]. Journal of Theory Biology, 1973 (47): 209–212.

[22] MAYNARD SMITH J, PRICE GR. The Logic of Animal Conflicts
[J]. Nature, 1974 (246): 15–18.

[23] SELTEN REINHARD. A Note on Evolutionary Stable Strategies in
Asymmetric Animal Conflicts [J]. Journal of Theoretical Biology, 1980
(84): 93–101.

[24] SELTEN REINHARD. Evolutionarily Stable Strategies in
Extensive Two – person Games [J]. Math Soc Sci, 1983 (5): 269–363.

[25] FRIEDMAN D. Evolutionary Games in Economics [J]. Economet-
rica, 1991 (59): 637–666.

[26] FRIEDMAN D, FUNG K C. International Trade and the Internal
Organization of Firms: An Evolutionary Approach [J]. Journal of Interational
Economics, 1996 (41): 113–137.

[27] MARTIN DUFWENBERG, WERNER GUTH. Indirectevolution
VS. Strategic Deletion: a Comparison of two Approaches to Explaining Eco-
nomic Institutions [J]. European Journal of Political Economy, 1999
(15): 281–295.

[28] GUTTMAN J M . On the Evolutionary Stability of Preferences for Reciprocity [J] . European Journal of Political Economy , 2000 (16): 31 -50.

[29] JASMINA A, JOHN L. Scaling up Learning Models in Public Good Games [J] . Journal of Public Economic Theory, 2004, 6 (2): 203 -238.

[30] DANIEL G, ARCEM, TODD S. The Dilemma of the Prisoners' Dilemmas [J] . KYKLOS , 2005, 58 (1): 3-24.

[31] PORTER M E. Changing patterns of international competitionCalifornia Management Review , 1986 (28): 9-40.

[32] KOR Y Y. Direct and interaction effects of top management team and board compositions on R&D investment strategy [J] . Strategic Management Journal, 2006, 27 (11): 1081-1099.

[33] XU D A, SHENKAR O. Note: Institutional distance and the multinational enterprise [J] . Academy of Management Review, 2002, 27 (4): 608-618.

[34] MEYER K E, DING Y, LI J, et al. Overcoming distrust: How state-owned enterprises adapt their foreign entries to institutional pressures abroad [J] . Journal of International Business Studies, 2014, 45 (8): 1005 -1028.

[35] ROTH K, O'DONNELL S. Foreign subsidiary compensation strategy: An agency theory perspective [J] . Academy of Management Journal, 1996, 39 (3): 678-703.

[36] CHAN C M, MAKINO S. Legitimacy and multi-level institutional environments: Implications for foreign subsidiary ownership structure [J] .

Journal of International Business Studies, 2007, 38 (4): 621-638.

[37] NELL P C, AMBOS B. Parenting advantage in the MNC: An embeddedness perspective on the value added by headquarters [J]. Strategic Management Journal, 2013, 34 (9): 1086-1103.

[38] DOZ Y L, PRAHALAD C K. Managing DMNCS: a search for a new paradigm [J]. Strategic Management Journal, 1991 (12): 145-164.

[39] ANDERSSON U, FORSGREN M, HOLM U. The strategic impact of external networks: Subsidiary performance and competence development in the multinational corporation [J]. Strategic Management Journal, 2002, 23 (11): 979-996.

[40] GHOSHALS, NOHRIA N. International differentiation within multinational corporations [J]. Strategic Management Journal, 1989, 10 (4): 323-337.

[41] BIRKINSHAW J, HOOD N. Multinational subsidiary evolution: capability and charter change in foreign-owned subsidiary companies [J]. Academy of Management Review, 1998, 23 (4): 773-795.

[42] PATERSON S L, BROCK D M. The development of subsidiary-management research: review and theoretical analysis [J]. International Business Review, 2002 (11): 139-163.

[43] GATES S R, EGELHOFF W G. Centralization in headquarters subsidiary relationships [J]. Journal of I nternational Business Studies, 1986, 17 (2): 71-92.

[44] BRANDT W K, HULBERT J M. Patterns of communications in the multinationalcorporation: an empirical study [J]. Journal of International Business Studies, 1976, 7 (1): 57-64.

［45］GHOSHALS，NOHRIA N. International differentiation within multinational corpo rations ［J］. Strategic Management Journal, 1989, 10 (4): 323-337.

［46］PICARD. Organizational structures and integrative devices in european multinatio nal corporations ［J］. Columbia Journal of Wo rld Business, 1980, 15 (1): 30.

［47］PRAHALAD C K, DOZ YL. An approach to strategic control in MNC ［J］. Sloan Management Review , 1981 (22): 5-13.

［48］KIM C W, MAUBORGNE R A. Making global strategies work ［J］. Sloan Management Review , 1993, 34 (3): 11-27 .

［49］HERBER T T T. Multinational strategic planning : matching central central expectations to local realities ［J］. Long Range Planning , 1999, 32 (1): 81-87.

［50］WHITE R E, POYNER T A. Strategies for foreign-owned subsidiaries in canada ［J］. Business Quarterly , 1984, 48 (4): 59-69.

［51］BARTLETT C A, GHOSHAL S. Tap your subsidiaries for globalreach ［J］. Harvard Business Review , 1986, 64 (6): 87-94.

［52］PRAHALAD C K, DOZ Y L. An approach to strategic control in MNC ［J］. Sloan Management Review , 1981 (22): 5-13.

［53］KOR Y Y. Direct and interaction effects of top management team and board compositions on R&D investment strategy ［J］. Strategic Management Journal, 2006, 27 (11): 1081-1099.

［54］AHSAN M, MUSTEEN M. Multinational enterprises' entry mode strategies and uncertainty: A review and extension ［J］. International Journal of Management Reviews, 2011, 13 (4): 376-392.

［55］ANG S H, BENISCHKE M H, DOH J P. The interactions of institutions on foreign market entry mode ［J］. Strategic Management Journal, 2015, 36（10）: 1536-1553.

［56］DARENDELI I S, HILL T L. Uncovering the complex relationships between political risk and MNE firm legitimacy: Insights from Libya ［J］. Journal of International Business Studies, 2015, 47（1）: 68 -92.

［57］GORG H, STROBL E. The Effect of R&D Subsidies on Private R&D ［J］. Economica, 2007, 294（74）: 215-234.

［58］GONZALEZ X, PAZO C. Do public subsidies stimulate private R&D spending ［J］. Research Policy, 2008, 27（3）: 371-389.

［59］HOSKISSON R E, WRIGHT M, FILATOTCHEV I, et al. Emerging Multinationals from Mid Range Economies: The Influence of Institutions and Factor Markets ［J］. Journal of Management Studies, 2013 （50）: 1295-1321.

［60］BUSOM I. An Empirical Evaluation of the Effects of R&D subsidies ［J］. Economics of Innovation and New Technology, 2000（9）: 111-148.

［61］WALLSTEN S J. The Effects of Government-industry R&D Programs on Private R&D: The Case of the small Business Innovation Research Program ［J］. Rand Journal of Economics, 2000（31）: 82-100.

［62］KAISER U. Private R&D and Public R&D Subsidies: Microeconometric Evidence for Denmark ［J］. National konomisk Tidskrift, 2006 （144）: 1-7.

［63］CHEN V Z, LI J, SHAPIRO D M. Ownership Structure and Innovation: An Emerging Market Perspective [J] . Asia Pacific Journal of Management, 2012 (31): 1-24.

[64] ANTONELLI C. The Evolution of the Industrial Organisation of the Production of Knowledge [J] . Cambridge Journal of Economics, 1999, 23 (2): 243-260.

[65] LEE M H, HWANG I J. Determinants of Corporate R&D Inverstment: An Empirical Study Comparing Korea's IT Industry with Its Non-IT Industry [J] . ETRI journal, 2003, 25 (4): 258-265.

[66] AERTS K, SCHMIDT T. Two for the price of One? Additionality Effects of R&D subsidies: A Comparison between Flanders and Germany [J] Research Policy , 2008, 37 (5): 806-822.

[67] HECKMAN J, ICHIMURA H, TODD P. Matching as an Econometric Evaluation Estimator [J] . Review of Economic Studies, 1998, 65 (2): 261-294.

[68] ADNE CAPPELEN, RAKNERUD A, RYBALKA M. The Effects of R&D Tax Credits on Patenting and Innovations [J] . Research Policy, 2012, 41 (2): 334-345.

[69] CZARNITZKI D, HANEL P, ROSA J. Evaluating the Impact of R&D tax credits on innovation: A micro econometric study on canadian firms [J] . Research Policy, 2011, 40 (2): 217-229.

[70] YU P, CHEN G. Hopf bifurcation control using nonlinear feedback with polynomial functions [J] . International Journal of Bifurcation and Chaos, 2004, 14 (5): 1683-1704.

[71] KOENKER R, BASSETT G. Regression Quantiles [J] . Econometrica, 1978, 46 (1): 33-50.

[72] BROWN J R, MARTINSSON G, PETERSEN B C. Do Financing Constraints Matter for R&D [J]. European Economic Review, 2012, 56 (8): 1512-1529.

[73] LIN J Y, MONGA C. Growth identification and facilitation: The role of the state in the dynamics of structural change [J]. Social Science Electronic Publishing, 2010, 29 (3): 259-310.

[74] KOGA T. Firm size and R&D tax incentives [J]. Technovation, 2003 (23): 643-648.

[75] WU Y. The effects of state R&D credits in simulating private R&D expenditure: A cross-state empirical analysis [J]. Journal of Policy Analysis and Management, 2005 (24): 785-802.

[76] HALL B H, VAN REENEN J. How effective are fiscal incentives for R&D? A review of the evidence [J]. Research Policy, 2000 (29): 449-469.

[77] CHIH-HAI YANG, CHIA-HUI HUANG, TONY CHIEH-TSE HOU. Tax incentives and R&D activity: Firm-level evidence from Taiwan [J]. Research Policy, 2012 (41): 1578-1588.

[78] GUELLEC D. Bruno Van Pottelsberghe De La Potterie. The impact of public R&D expenditure on business R&D [J]. Economics of Innovation and New Technology, 2003, 12 (3): 225-243.

[79] EISNER R, ALBERT S H, SULLIVAN M A. The new incremental tax credit for R&D: Incentive or disincentive [J]. National Tax Journal, 1984 (2): 171-183.

[80] SUN YING. Impact of tax incetives on the innovation performance in enterprise [J]. Jounal of Shanghai Economic Management College, 2015, 13 (4): 46-56.

［81］MEYER J W，ROWAN B. Institutionalized organizations：Formal structure as myth and ceremony ［J］. American Journal of Sociology，1977，88（2）：340-363.

［82］SCHERER F M. Firm size，market structure，opportunity，and the output of patented inventions ［J］. American Economic Review，1965，55（5）：1097-1125.

［83］BAYSINGER B D，KOSNIK RD，TURK T A. Effects of board and ownership structure on corporate R&D strategy ［J］. Academy of Management Journal，1991，34（1）：205-214.